공무원, 꽃이 되는 시간이었다

공무원, 꽃이 되는 시간이었다

초판 1쇄 인쇄 | 2024년 01월 25일
지은이 | 박경화
펴낸이 | 이재욱(필명:이승훈)
펴낸곳 | 해드림출판사
주　소 | 서울 영등포구 경인로82길 3-4(문래동1가 39)
센터플러스빌딩 1004호(우편07371)
전 화 | 02-2612-5552
팩 스 | 02-2688-5568
E-mail | jlee5059@hanmail.net

등록번호　제2013-000076
등록일자　2008년 9월 29일

ISBN　979-11-5634-575-6

나를 사랑하기 위해서 타인을 사랑하기 위해서

이제는 나와 그들을 위해 서로 상처를 치유하고 싶고,

치유해 주고 싶다.

해드림출판사

글을 적으며

이 글을 쓰면서 누군가를 헐뜯거나 비난할 의도는 전혀 없으니 혹여라도 글을 읽으시는 분이 있다면 글 속에 나왔던 사람이 누구인지 알려고 하는 호기심을 버리길 부탁드린다. 이 책은 내 마음의 찌꺼기까지도 토해내서 치유되지 않는 어둡고 고통스러운 터널 속을 벗어나 살고자 하는 몸부림이다. 글이라도 써서 밖으로 쏟아버리면 아물지 않은 상처가 분출되어 나를 치유할 수 있지 않을까 하는 생각에 2020년 이 글을 쓰기 시작했다.

몇 년 동안 몸이 아프면서 나의 많은 부분이 무너져 내렸고 회복되지 않아 치유되길 바라는 마음을 글로 표현하고 싶다는 생각을 하고 있었다. 그러나 차일피일 미루게 되고 선뜻 하루에 대한 일기도 쓰지 않고 몸의 통증과 머리는 아득한 안개가 끼어있고 어지럼이 지속되고 보고서 한 장 쓰는 것도 힘들어하는 내가 글을 쓴다는 것은 상상도 안 되는 일이었다.

그럼에도 불구하고, 왜 내 글을 쓰고 싶었을까? 생각해 보면 그냥 마음이 답답했던 것 같다. 아직도 뭔지 모를 가슴속의 응어리와 고통의 감정이 내 가슴속 깊은 곳에 콕 박혀 남아 있구나 싶었다. 나도 모르는 무의식 속 얽매임을 풀어주고 싶었다.

이제는 자유롭고 싶다. 답답하기만 한 내게 이제는 자유를 주고 싶다. 나의 글쓰기로 고통 탈출의 출구로 삼고 싶었다.

2020년 내가 글을 쓰고 싶었던 이유였고 2020년에 글의 초안은 쓰였으나 더 이상 글쓰기를 하지 않고 덮어 버렸다. 어느 순간 나의 글쓰기가 의미가 없다고 생각되며 한동안 잊고 살았다.

2023년 이제 글을 완성하고 싶다는 생각을 한다. 나를 사랑하기 위해서 타인을 사랑하기 위해서 이제는 나와 그들을 위해 서로 상처를 치유하고 싶고, 치유해 주고 싶다.

'진리가 너를 자유롭게 하리라' 진리를 찾아 나는 오늘도 길을 나선다.

2024년 1월

박경화

목차

3부 세상에 공짜 없다

4부 화해의 길

1부 • 그땐 그랬지

공무원 시험공부

학창 시절 나는 딱히 좋아하는 일이나 하고 싶은 일, 잘하는 일도 없었다. 공부에 관심이 없었고, '대학은 뭐 하러 가나?' 하는 생각이었다. 고등학교 졸업 후 몇 달은 광주의 자취방에서 놀고먹으며 지냈지만, 마냥 백수로 있을 수는 없었다. 시골에서 부모님이 고생하시며 보내주시는 돈을 받아쓰기에는 마음이 너무 불편했기 때문이다.

인문계 고등학교 출신이 할 수 있는 일은 딱히 없었다. 그래서 친구가 소개해 준 광주의 볼트, 너트를 만드는 작은 공장의 경리 일을 하게 되었다. 그곳은 근무 환경이 열악했고 결국 두 달이 채 못 되어 그만두었다.

그동안 학생이라는 정체성이 흔들리면서 '대학은 필요 없다'라는 생각이었는데 이제는 대학에 진학하고 싶다는 생각이 들었다. 그러나 부모님께 대학에 간다고 말씀을 드리기엔 염치가 없어 당시에 공무원 시험을 준비하는 언니를 따라가기로 마음먹었다. 공무원이 되겠다고 부모님께 말씀드렸더니 고시학원에 흔쾌히 보내 주셨다. 그때 언니와 나는 백수였는데 그나마 나는 대학 학비를 쓰지 않았기 때문에 학원비를 부모님께 당당히 받아 학원으로 향했다. 대학을 졸업한 언니는 혼자 하는 공부를 택했다. 1991년 여름, 고시학원에 등록하고 다니기 시작했지만, 마음속으로는 그곳에서 대학입시 준비를 해야겠다는 생각을 품고 있었다.

대학입시를 보려면 그동안 흘려보낸 시간이 많았기에 공부를 열심히 해야 했다. 고시학원에서 공무원 시험공부를 하러 온 또래 친구들을 만났는데 그들 중 두 명은 공무원이 되었고 한 명은 부동산 사장이 되었다. 학원에서의 공부는 학창 시절에 했던 공부와는 다르게 공부의 신세계를 보는 것처럼 분명히 고등학교 때 배웠던 내용이었는데 마치 처음 본 것처럼 새로웠다.

새벽 5시에 일어나 언니가 싸주는 두 개의 도시락을 들고 친구들과 함께 일찍 도착해서 학원 문이 열리기 전부터 줄을 섰다. 나는 아침 여섯 시에 열리는 학원 문을 향해 뛰어가 친구들의 자리를 잡고, 친구는 독서실로 뛰어

들어가 우리들의 자리를 잡아야 했기 때문이다. 원하는 자리에 앉으려면 새벽부터 자리 쟁탈전을 위해 줄을 서서 기다렸다. 학원에 다니는 동안 항상 내 좌석은 앞줄의 가운데 자리로 고정되었다.

학원에서의 수업은 칠판에 분필로 글씨를 써가면서 강의했기 때문에 수업시간이 끝나면 칠판 글씨를 지우고, 지우개를 밖에서 깨끗이 털어다가 다음 수업을 할 수 있도록 준비했는데 이 일은 학원생들이 돌아가면서 맡았다. 매일 한 번 이상은 동참했기에 그런 나를 다른 학원생들이 칭찬하곤 했다.

그때 이런 생각을 했다. '사람에겐 참 환경이 중요하구나', 나는 함께 공부하는 사람들의 기대에 부응하기 위해 더욱 모범생이 되고 싶었다. 모든 일이 즐겁고 신이 나서 공부가 재미있었다. 아침에 일어나 학원으로 갈 때 그뿐만 아니라 학원에서 집으로 돌아오는 버스 안에서도 책을 보고 수업이 끝나면 독서실로 가서 밤 10시까지 공부를 하고 집으로 갔다. 두 달 동안은 밥 먹고 화장실 가는 시간을 제외하고는 학원에서 친구들과 공부했다. 나와 친구들은 공부만 하고 있는 그 시간이 그렇게 행복하고 즐거울 수가 없었다. 공부의 매력에 푹 빠져 있었다.

직장생활을 하며 과거를 돌아보면 부모님께 죄송스러운 생각이 들곤 한다. 그 시절의 학생들에겐 공부 잘하는 게 효도였다. 공부를 잘하면 나도 좋고 부모님께 효도해서 좋았을 텐데 학교 다닐 때는 그 기쁨을 알지 못하고 졸업하고 나서야 깨달았다. 조금만 더 일찍 공부의 즐거움을 알았더라면 시골에서 고생하시는 부모님께 기쁨을 안겨 드릴 수 있었을 텐데 하는 아쉬움이 든다.

어느 날 학원에서 학원생들을 대상으로 하는 모의시험을 치르게 되었다. 성적이 좋은 학원생에게 장학금을 준다는 것이었다. 그런데 장학금을 받는 다섯 명의 명단에 내 이름이 들어 있었다. 믿기지 않았다. 시험을 잘 치른 것 같지 않았는데 장학금을 준다 해서 받아보니 사오만 원 정도였던 것으로 기억한다. 태어나서 처음으로 받아본 장학금은 말할 수 없는 큰 기쁨이었다.

나는 운명적으로 공무원이 될 수밖에 없었다는 생각을 지금도 한다. 학원에 다니기 이전에도 그 이후로도 그렇게 재미를 느끼면서 푹 빠져 공부를 한 기억이 없다. 내 이름은 경화(景花)다. 어릴 적부터 아버지께서는 나의 이

름의 뜻을 '벼슬을 해도 꽃같이 아름답게 하라'고 지어 주셨다고 말씀하셨다.

1991년 하반기에 전라남도 지방 공무원 채용 공고가 났다. 공고가 난 이후부터는 공부가 시들해졌다. 공부하는 재미에 푹 빠져 지냈던 두 달이라는 시간은 막이 내리고 정작 시험을 앞두고는 공부에 느슨해졌다.

다행히 그해에는 많은 인원을 뽑았고, 나와 언니는 동시에 합격했다. 그땐 나와 언니가 함께 합격해서 좋다고만 생각했는데, 합격자 발표하는 날에 백수로 지내던 두 딸은 아마 부모님께 큰 효도를 하지 않았을까 싶다.

공무원 시험에 합격하고 갈 곳이 생기니, 대학을 가고 싶다는 생각도 사라지고 그때부터 천직이라 여긴 공무원의 길을 지금껏 걸어오고 있다.

그땐 그랬지

1992년 2월부터 보성군 농산과에서 수습공무원으로 공직생활을 시작했다. 당시 일과의 시작은 사무실에 제일 먼저 출근해서 걸레를 빠는 일이었다. 사무실 내의 모든 책상을 깨끗이 닦고 책상 위에 놓인 재떨이를 비우고 닦았다. 그 후엔 선배 직원들의 책상 아래에 놓인 개인 쓰레기통의 쓰레기를 비웠다. 혼자서 책상을 닦고 지저분한 재떨이와 쓰레기통을 비우는 일이 심적으로 쉽지 않은 일이라는 것을 그때 알았다.

그 당시의 경험으로 지금도 어렵고 힘든 일을 수행하는 사람들을 보면 그들을 이해하고자 하는 마음이 앞섰다.

수습 두 달 만에 벌교읍사무소로 첫 발령을 받았다. 2003년 7월까지 이곳에서만 11년 3개월이라는 기간 동안 부서와 분장사무를 바꿔가며 근무했다. 여직원들에겐 창구에서 민원인을 상대하며 제증명을 발급하는 정도의 단순 업무만 주어졌다.

나의 첫 일은 주민등록 등·초본을 발급하는 업무였다. 그 시기는 컴퓨터로 증명서를 출력하기 직전이었다. 민원인이 발급을 요구하면 캐비닛에 꽂혀있는 주민등록표를 일일이 찾아 복사해서 발급해주는 일이다. 일과가 시작되기도 전부터 민원인들이 방문하여 창구 앞에서 기다렸기 때문에 8시 30분 이전에 업무를 시작해야 했다.

민원실은 그야말로 오일장처럼 북새통이었다. 직원만 백여 명, 마을을 담당하는 이장이 칠십여 명이어서 누가 직원이고 누가 이장인지 분간하기조차 어려웠다.

정신없이 주민등록표를 찾아 복사하고 관인을 찍어 발급하는 반복된 일을 하면서 주민등록표를 온종일 들었다가 놓았다가를 수없이 하고 나면 다섯 시쯤에서야 겨우 자리에 앉을 수 있었다. 잔무를 처리하고 집에 가면 녹초가 되었다. 혹시라도 주소나 생년월일이 순서대로 된 주민등록표가 실수로 잘못 꽂힌 경우라도 있는 날에는 그 주민등록표를 찾기 위해 캐비닛 전체의 주민등록표를 찾아 헤매곤 했다.

읍사무소에서의 일은 단순 업무라고 할 수 있어서 정신적으로는 큰 스트레스를 받지 않고 근무할 수 있었다. 그러나 비상 근무가 빈번하게 있어서 휴일에도 맘 편하게 쉴 수 있는 날이 없었다. 산불이 나면 산불 난다고 비상 근무, 산불이 나지 않아도 산불 예방 근무를 해야 했고, 벼멸구가 병충해를 일으키면 벼멸구 박멸한다고 비상 근무, 비가 많이 오면 많이 온다고 비상 근무, 비가 안 오면 가물어서 비상 근무, 사무실에 행사가 있어도 비상 근무, 일 년 동안 비상 근무가 너무 많아 휴일의 절반 이상은 쉬지 못했던 기억이다. 그때는 산불도 자주 났는데 마치 휴일이라는 걸 미리 알고 발생하는 것처럼, 금요일 오후나 토요일에 산불이 발생해서 일요일에 꺼지는 경우가 많아 도통 휴일에 쉴 수가 없었다. 친구와 주말 약속은 어김없이 비상 근무로 약속을 취소해야 했다. 비상 근무가 그만큼 많았고 일 년 내내 비상 근무의 연속이었던 것 같다.

큰애를 임신했을 때는 사무실 안에서 담배를 피우고 책상 위에 재떨이가 놓여 있는 것을 당연하게 여기던 시절이었다. 한여름 무더위에 창문을 닫고 에어컨을 가동하는데 내 책상 바로 앞에서 나이 든 직원이 담배를 피웠다.

사무실 안에서 여럿이 뿜어내는 담배 연기로 임산부인 나는 도저히 숨쉬기가 곤란해서 창문을 열었다.

그런데 담배를 피우던 나이 든 직원이 "에어컨을 틀지 말든지, 창문을 열지 말든지…"라고 역정을 내며 전기요금이 많이 들어간다며 불평을 했다. 그러자 팀장님이 "창문을 닫아 놓고 담배를 피우니 숨을 쉴 수가 있느냐?" 하며 화를 내셨다.

결국, 나이 든 직원과 팀장님 사이에 언성이 높아지면서 말다툼으로 이어졌고 나이 든 직원은 화를 내며 사무실을 나가 버렸다. 그 다툼 이후 나는 사무실이 너구리 소굴처럼 연기가 자욱해도 창문을 열 수 없었다. 담배 연기에 도저히 숨쉬기 힘든 상황에서는 혼자 밖으로 나와 숨을 돌리고 난 후 다시 들어가 일을 할 수밖에 없었다. 그때는 그랬다.

둘째를 낳고 육아휴직을 신청하고 싶었지만 그럴 수 없었다. 물론 육아휴직 제도가 있었지만, 실제 사무실에선 말을 꺼내는 것조차 허락되지 않는 분위기였다. 어떤 직원은 아이가 아파 육아 휴직서를 제출했더니 인사부서에서는 안 된다고 했다고 한다. 할 수 없이 사직서를 들고 갔더니 그때야 육아휴직을 받아주었던 시절이었다. 남편에게 둘째를 낳고 육아휴직을 하고 싶다고 했더니 차라리 사표를 내라고 했다. 지금은 엄마뿐만 아니라 아빠도 육아휴직을 자연스럽게 내고 있으니 아이 키우기에 바람직한 문화가 형성되어 좋다.

당시 근무하는 직원들 사이에서 자조적으로 떠돌았던 말이 있었다. '한 번 면(面)서기는 영원한 면서기, 군(郡)서기는 영원한 군서기'였다. 군청에 근무하는 이른바 군서기들은 읍·면사무소에 근무하는 면서기를 아랫사람이라도 되는 양 명령조로 말을 하는 경우도 종종 있었다. 어떤 군서기 직원은 반말로 업무지시를 내렸다.

그나마 개방적인 생각을 지닌 군수님이 취임하면서 인사 분야를 일부 개혁하셨고 2003년 7월, 나는 군청의 문화관광과로 옮길 수 있었다. 공무원 생활 11년 만에 영원할 줄 알았던 면서기의 신분에서 탈출할 기회를 얻은 것이다.

열정은 넘치던 시절

○○동행정복지센터 민원실에서 근무하다가 주민자치 업무를 담당하게 되었다. 공무원 근무경력은 오래되었지만 이른바 단순 민원업무가 아닌 일반 행정 업무를 맡아 일했던 경험이 없어서 업무처리는 미숙했지만, 열정은 넘쳤던 것 같다.

당시 아이들이 어려서 나를 위한 시간을 낼 엄두는 내지 못하며 살았다. 게다가 알레르기 비염이 심했고, 아이들은 나를 닮아서 그런지 감기를 달고 살았다. 퇴근하면 나는 두 아이를 데리고 야간 진료를 위해 병원에 다녀야 했다. 직장과 가정 그 양쪽을 종종거리면서 다람쥐 쳇바퀴 돌 듯 반복되면서 피곤함에 찌든 일상이었다.

나는 주변의 불편한 일들이나 개선하고 싶은 일들이 보이면 가능하면 업무에 반영하는 편이다. 주민자치 업무는

'이런 게 있으면 좋겠다'라는 아이디어나 발상을 실행에 옮길 수 있는 시작점이었다.

첫째는 나와 같은 맞벌이 주부들의 육아 지원을 위해 초등학교 저학년 대상으로 '즐거운 오후반'이란 프로그램을 개강했다. '즐거운 오후반'은 저학년 아이들을 돌봐줄 강사들이 필요했고 월요일부터 금요일까지 오후 2시부터 6시까지 매일 4시간을 운영하는 프로그램이었다. 강사는 무보수 자원봉사자로 모집해 운영했는데 일주일 중에 이틀, 두 시간은 강사가 없는 상태였지만 프로그램을 일단 시작했다. 강사가 없는 시간엔 공익근무요원과 내가 아이들을 돌보았다. 가끔 힘들어하는 공익요원을 다독이면서 '즐거운 오후반'은 6개월을 운영할 수 있었다.

생각하면 무모하고 행정에서 제대로 지원하지도 못한 허술한 행정 업무였다. 그때의 열정만 앞섰던 내 업무의 방식이 부끄럽다는 생각도 든다. 하지만 어디에서 그런 열정이 나왔는지 한편으론 미소를 짓게 만든다. 내 뜻에 동조해서 지지해 주고 무보수로 재능기부를 해준 선생님들과 공익요원에게는 지금도 감사의 마음을 갖고 있다.

둘째는 육아로 여가활동 시간을 낼 수 없었던 나 같은 직장인을 위해 쉬는 날인 토요일에 프로그램을 운영하기로 했다. 시청 직원들을 대상으로 토요일에 프로그램을 개강했고 여기에 참여하면서 그동안 시청의 알지 못했던 여러 직원과 소통할 기회도 되었다.

토요일 오전 9시부터 10시 30분까지 밸리댄스반, 10시 30분부터 12시까지는 단전호흡반, 12시부터 1시 30분까지는 댄스스포츠반을 운영했다. 토요일에 프로그램을 운영한다고 하니 직원 중엔 휴일에 프로그램을 운영하다가 '네가 발령이 나서 다른 곳으로 가버리면 그다음에는 누가 운영할 거냐'며 우려를 표하기도 했다. 물론 맞는 말이었지만 나는 순수한 열정만으로 프로그램 3개 반을 개강했고, 3개 반에 모두 수강생으로도 참여하면서 4시간 30분 동안 쉬지 않고 활동했다.

이 프로그램은 내가 주민자치 업무를 담당하는 6개월 동안 운영되었다. 그때의 일을 생각하면 부끄럽고 우습기도 하지만 젊어서 도전할 수 있었던 것은 아닐까 싶다. 그땐 무엇인가 하고 싶은 열정만큼은 넘쳤던 것 같다.

씁쓸한 기억

0000년 4월, 보성군에서 순천시로 남편과 함께 전입했다. 남편의 고향은 순천이고, 당시 군보다는 시의 공직문화가 앞서 있다고 생각했었다. 또한, 아이들이 성장하면서 교육을 위해 농촌보다는 도시로 나와야 한다는 생각이 들었다. 지금 생각하면 시골이나 도시나 별반 차이가 있는 것도 아닌데 아이들의 교육을 위해 광주로 가든지 순천으로 가든지 고민하던 중 우연한 기회에 순천시로 전입하게 된 것이다.

순천시에서 첫 발령지는 ○○행정복지센터, 전입한 지 얼마 되지 않은 시기에 공무원노조 집회가 있었다. 당시 광주에서 열리는 집회에 가기 위해 경찰들의 눈을 피해 벌벌 떨면서 가기도 했다. 그런데 이 공무원노조를 탄압하기 시작한 것이다.

시에서는 직원들에게 노조 탈퇴서를 쓰라고 강하게 밀어붙였다. 탈퇴 지시 공문을 전 부서에 내려보내고 또 부서장들에게 전화해서 소속 직원들의 노동조합 탈퇴를 강요하였다. 내가 탈퇴서를 내지 않자 동장님은 탈퇴하지 않으면 공무원에서 잘릴 수도 있다고 협박 하였다.

버티다가 결국 탈퇴서를 제출했는데 인간의 존엄성이 꺾여나가는 듯 모욕적인 기분이 들었고 허탈했다. 탈퇴서를 다른 사람들보다 늦게 제출해서 동장님께 찍혔다. 그때부터 '노조'라는 보이지 않는 족쇄가 내게 채워지기 시작한 것 같다. 최후까지 공무원 노동조합을 탈퇴 하지 않은 직원 7명이 결국 해직되는 마음 아픈 일들이 발생하면서 나는 '왜 순천으로 왔을까' 후회가 되었다.

순천시로 전입한 뒤 얼마 되지 않는 시기였기 때문에 공무원노조 활동으로 인해 해직된 7명이 어떤 사람들인지 알지 못했으나 해직되었다는 소식에 가슴이 아팠다. 그 사람들도 가족이 있을 텐데 그 생계는 어쩌나 싶기도 하고, 함께 하지 못했다는 미안한 생각에 마음이 불편했다. 해직된 7명은 어쩌다 사무실에 방문하곤 했는데 직원들은 외면하였다. 나 또한 상사들의 눈치를 살필 수밖에 없는 처지였다.

해직된 직원들과 함께 근무도 했고 인간관계도 있었을 텐데 못 본 척 외면하는 직원들을 보면서 '이건 뭔가?' 싶었다. 그게 바로 공무원 사회의 기본적인 생존방식이고 문화였던 것이다. 윗사람의 눈치를 살피며 혹시라도 자신에게 불이익이 올 수 있지 않을까 싶어 피하는 상황으로 오히려 한 번도 함께 근무했던 적이 없는 내가 음료라도 내어주었고 그분들을 보면 안타깝고 마음이 아팠다.

다음해 ○○행정복지센터로 발령이 났고 이 시기에 시에서는 어용노조를 만들어 직원들에게 가입을 유도하고 있었다. 옆에서 근무하던 동료직원 두 사람은 자신들은 절대로 어용노조에 가입하지 않는다고 내게 말했다. 그러나 당시 동장님은 사무관 승진을 막 하신 분이라 윗분에게 충성 경쟁이 유독 강했고 절대 가입하지 않겠다던 직원들은 팀장님의 한마디에 어용노조원으로 가입하였다.

당시 사무실에서 전 노동조합의 강성파였던 직원 한 명과 이도 저도 아닌 나만 어용노조에 가입하지 않게 되었다. 처음엔 무척 호의적이던 동장님도 내가 계속 어용노조에 가입하지 않자 그때부터 눈에 보이지 않는 타박과 구박을 하기 시작했다. 팀장님은 "왜 동장님이 화를 내시는지 모르겠냐?"고 했다. "왜 화를 내시는지 저는 모르겠는데요" 나는 알면서도 모른 척했다. 동장님은 내가 잘못하는 일이든 다른 동료직원들이 실수하는 일이든 모두 서무 업무를 담당하는 내가 업무를 잘못 추진하기 때문이라며 매번 지적하고 호통을 쳤다.

이래저래 스트레스만 쌓여 갔다. 당시에 스트레스가 심해서 뒤 목이 뻣뻣해지며 머리에 쥐가 내리는 것 같았고 이러다 혈압으로 쓰러지는 것은 아닌가 싶은 걱정이 들었을 정도였다.

그때는 아이들이 어려서 돌봐줄 사람이 없었기 때문에 휴일에 사무실에 행사가 있으면 아이들을 데려와서 일해야 했다. 아이들에게 내 책상의 컴퓨터를 켜주고 잠시 있으라 해 놓고 나는 밖에서 행사 일을 처리했다. 아이들이 동장님께 인사를 하니 아이들을 바라보는 싸늘한 시선이 느껴졌다. 아이들이 내 자리의 컴퓨터에서 게임을 하는 모습을 보며 "나는 너희 엄마가 맨날 게임만 하는 줄 알았다"라는 말을 했다.

한 번은 남편이 동에서 추진하는 사업과 관련하여 설계를 도와주어 내가 동장님께 결재를 받으러 갔다. "이게 뭐냐고! 공부 좀 하라 그래"라며 동장님은 호통을 쳤다. 동장님은 나와 관련 있는 것에 대해서는 무엇이든 냉담한 태도를 보였다. 거기다가 두 명의 팀장님들은 사이가 좋지 않았고 팀장님 한 사람과 동장님 사이도 불편해서 사무실 분위기는 엉망일 수밖에 없었다.

당시 행정복지센터에서 서무 업무를 하던 나는 자주 밤늦게까지 일해야 했다. 가끔 주말에도 사무실에 나와서 잔무를 처리해야 했다. 내가 일이 서툰 것도 있지만 업무시간 중에는 도저히 일할 수가 없었다. 업무 외 시간에 일하여도 동장님과 팀장님의 야단으로 스트레스만 늘어 갔다.

내가 가지고 있는 능력치가 100이라면 절반도 발휘할 수 없는 상황으로 점점 위축되고 있었다. 행정복지센터에서 늦은 밤까지 남아 일을 하고, 주말에도 출근해서 일한다고 하면 다른 사람들이 얼마나 나를 한심하게 여길까 하는 생각이 들어 이래저래 속이 상했다.

어용노조에 가입하지 않는 일을 계기로 동장님이 발령

받아가는 날까지 스트레스가 매일 반복되는 직장생활을 해야 했다. 전공노(전국공무원노동조합)에 아무런 관련 활동을 하지 않아도 강성 노조원으로 분류되어 있었다.

나중에 남편과 당시의 동장님은 같은 부서에서 일하게 되었다. 그때 아이들을 어떤 행사장에 데리고 갔다가 동장님과 우연히 마주쳤는데 그분은 "오메, 아들들 왔는가?" 하며 맞아주는 것이었다. 내 아이들일 때에는 차가운 시선을 주던 분이 남편의 아이들이라 하며 반가워하시는 상반된 모습을 보면서 씁쓸한 기분이 들었다.

어떤 후회

해가 바뀌자 시의 인사발령으로 동장님과 두 명의 팀장님 모두 다른 곳으로 전출해 갔다. 새로 온 동장님과 팀장님들은 서로 관계가 좋았고 사무실 분위기도 확연히 좋아졌다.

꽃 피는 직장생활이 왔다. 동장님과 팀장님은 서무 업무를 담당했던 내 의견을 물어보고 상의하면서 일을 하셨다. 내 의견을 많이 반영해 주었고 그동안 쌓였던 심적 고통에서 벗어날 수 있도록 내가 존중받는다는 느낌으로 일할 수 있는 분위기를 만들어 주셨다.

같은 사무실에서 사람만 몇 명 바뀌었을 뿐인데 이전에는 아침에 출근하는 것조차 싫었지만 이제는 출근하는 것이 즐거웠다. 직원들과도 사이가 좋아서 재미있는 직장생활이 되었다. 밤늦은 시각까지 야근하지 않아도, 주말에 나가 일을 하지 않아도 칭찬받고 인정받을 수 있어서 얼마나 행복했는지 모른다. 당시 상사분들께 죄송한 마음은 나를 믿어주고 격려해 주신 것에 비해 나는 이전보다 느슨하게 직장생활을 하였다는 점이다. 그동안 지쳤던 심신을 회복하는 시간이 필요했다.

돌이켜보면 어떤 업무를 처리하고 완수했다는 기억보다는 직원들과 재미있게 어울려 다녔던 추억들이 지금도 떠오른다. 직원들과 함께 하는 회식 자리가 자주 있었는데 그때는 1차로 저녁을 먹고, 2차로 노래방 가는 것이 고정 코스였는데 노래방에 가서 함께 어울리는 것도 재미있었다.

지금도 잊을 수 없는 기억 중 하나가 1박 2일 여행을 갔었는데 직원 열 명이 봉고차를 임차하여 토요일에 일찍 출발해서 일요일에 돌아오는 여행이었다. 여행 장소는 대충 희망하는 곳을 정하긴 했지만, 숙소는 예약하지 않고 출발하여 그곳이 좋으면 더 머무르고 그렇지 않으면 애초 계획대로 가는 것으로 했다. 우리는 구인사에서 청남대 그리고 남이섬까지 애초 계획했던 여행지를 다녀왔다. 차 안에서 웃고 떠들고 여행한 그곳에서 자전거 타기 체험도 하며 하룻밤을 지새우고 다음 날 아침 밝은 햇빛이 떠오르는 것을 함께 보면서 즐거운 여행을 하고 왔다. 지금도 좁은 봉고차 안에서 마치 콩깍지에 모여있는 콩처럼 다 같이 웃고 떠들며 여행했던 순간을 떠올리면 웃음이 난다.

그렇게 행복했던 ○○동에서 근무는 내가 다른 부서로 발령이 나면서 끝났다. 동장님은 발령받은 나를 불러서 이런 말씀을 해주셨다.

"경화 씨, 내가 와서 보니 참 잘하고 있고 노조에 대해서도 관여하지 않은 것 같은데 위에서 오해하는 것 같더라. 그러니 가서 오해를 풀어라"라고 하셨다.

동장님은 나를 아끼는 마음으로 하시는 말씀이었다. 당시 시장님은 전공노 탈퇴를 거부한 노조원 7명을 해직시켰기 때문에 전 노조와의 관계가 좋지 않았다.

동장님은 내가 집과 사무실을 오가며 아이들을 키우느라 종종거리며 살아가는 모습을 보면서 노조 활동을 하고 있다는 오해를 받는 것에 대해 안타깝게 생각하셨던 듯싶다. 동장님이 ○○동에 발령받아 오실 때에, 누군가로부터 내가 강성 노조원이라는 귀띔을 받은 것 같은데, 육아와 직장 업무만으로도 전혀 그럴 여유도 없다는 것을 내가 노조 활동을 하지 않는다고 판단하셨던 것 같다.

그러나 나는 동장님의 말씀을 듣고 나서 화가 났다. 아무것도 하지 않아도 당신들이 그렇게 생각한다면 나 또한 그러한 모습을 보여주어야겠다는 생각이 들었다.

그래서 전공노 해직자 7명과 그들을 지지하는 다섯 명 정도의 직원이 함께 시청 앞에서 행사를 추진하고 있던 날, 나는 그날 용감하게 그 장소를 향했다. 그동안 어용노조에 가입하지 않았다고 전임 동장에게 스트레스를 받았던 감정도 함께였을 것이다.

행사장에는 시청의 동향업무 담당 직원과 윗분들 몇 명이 행사를 감시하고 있었다. 나는 행사 주최 측 직원들에게는 환대를 받는 동시에 감시하는 직원들의 눈초리를 받으며 돌아왔다. 다음날부터 전공노 행사장에 용감히 나타난 나에 대한 소문이 퍼져 나갔고 몇 명의 직원들은 남편에게 당신 아내가 전공노 활동을 하더라는 이야기로 남편을 불편하게 하였다. 다른 이들로부터 사소한 지적도 듣지 않으며 살고자 애쓰던 남편은 주변의 직원들로부터 아내로 인해 질타를 받게 되었다.

이 일로 스트레스를 받은 남편과 다투게 되었고 그 싸움은 오래 지속되었다. 강성 노조원이라는 색깔은 그렇게 나를 심적으로 힘들게 했고 노조 활동에 참여하는 것도 아닌데 집 안팎으로 많은 괴로움을 당하며 지내야 했다.

나는 시청에서 아는 직원들이 많지 않았지만, 첫 발령부터 순천에서 근무했던 언니를 통해 나에 관한 이야기를 건네는 분들이 있었다. 그나마 언니에게 말씀을 해주시는 분들은 언니와 친분이 있는 분들이어서 염려가 되어서 하는 말씀이었다.

"자네 동생 너무 뻿뻿한 거 아니여?"

나와 근무를 함께 해보지 않은 사람이 노조 탈퇴서를 늦게 제출하고 어용노조에 가입하지 않은 나에 관해 이야기하였다. 노동조합으로 인한 어려웠던 상황들은 내가 순천으로 전입하지 않았다면 겪지 않아도 될 일이므로 전입 온 것을 후회하였다.

일하는 방식

0000년 ○○동행정복지센터로 발령이 났다. ○○동은 주민자치 분야가 활성화된 곳으로 전국에 알려져 있으며 타 지역의 주민 단체들이 견학을 많이 오는 곳이기도 하다.

내가 ○○동으로 가기 전에는 팀장님과 신규 남 직원, 두 명이 주민자치 업무를 담당하였다. 주민자치 업무는 일이 많아서 두 명이 계속 야근하며 일을 추진하였는데 팀장님이 다른 부서로 발령이 나서 자리를 옮기는 바람에 이젠 나와 신규 남 직원이 주민자치 업무를 담당하게 된 것이다. 두 달여 지나자 주민자치 업무를 함께 보던 신규 남 직원은 타부서로 업무 지원을 나가게 되었다. 결국, 혼자 주민자치 업무를 맡게 되었다. 전임 팀장님과 신규 남 직원은 다른 이들에게 듣기 싫은 소리를 하지 못하는 성격이었다. 주민자치는 업무 성격상 주민자치회 위원들과 동네 공터와 화단에 꽃을 심는다든지 봉사활동을 한다든지 함께 해야 하는 경우가 많다. 근무시간에는 위원들과 모여서 직접 몸으로 하는 노동 일을 해야 하고 나머지 행정적인 사무는 저녁에 남아 일을 처리하는 방식이었기 때문에 매번 두 명이 업무를 담당하는 데도 야근을 해야만 했다.

주민자치회 안에는 사무를 보는 사무장도 있지만, 팀장님과 신규 남 직원이 사실 모든 업무를 시작부터 끝까지 직접 처리하고 있었다. 그러니 야근을 해도 일이 많을 수밖에 없었다. 더구나 주민자치 일이 노동력이 필요한 경우가 시도 때도 없이 발생하는 법이어서 행정복지센터에 젊은 남 직원 두 명을 추가로 주민자치회 활동에 참여시키고 있었다. 남 직원 네 명이 주민자치 야외행사가 있는 날에는 근무시간에 참여하느라 자신의 업무는 하지 못하고, 밤에 남아서 자기 일을 해야만 했다. 직원들이 주민자치회의 단순한 잔일까지 처리하는 상황이었다.

나는 이러한 상황이 이해가 되지 않았고 그래서 업무의 체계를 바꾸어보면 어떨까 하는 생각이 들었다. 주민자치회가 봉사활동을 할 때는 위원과 업무 담당자인 나만 참여하고 특별히 직원들의 도움이 필요할 경우에만 도움을 받는 방식으로 주민자치회 위원들을 설득했다.

또한, 주민자치회 관련하여 여러 가지 자료 작성 등 기존에 공무원이 해주었던 일을 주민자치회의 사무장이 할 수 있도록 역량을 키워주어야 한다는 생각이 들었다. 주민자치회 회의를 개최하기 전에 사무장이 기초적인 회의자료를 작성해 오면 내가 보완해서 회의자료를 최종 만들어 주는 것으로 했다. 남자 직원들이 회의장의 책상과 의자 배치 등 직접 노동하던 것을 공익요원들과 사무장이 할 수 있게 만드는 것으로 바꾸어 나갔다.

몇 달 후에 타부서에 업무 지원을 나갔다가 복귀한 신규 남 직원은 주민자치회의 회의시간이 다 되어가는데도 자리에서 업무를 보고 있는 나를 의아하게 쳐다보았다.

"누나, 오늘 주민자치회의 안 해요?"라고 물어보았다.

"응, 회의해."라고 말했더니, 자기가 있을 때는 회의 전날부터 바쁘게 움직였는데, 어떻게 회의 시작 전까지 자리에 앉아 있는지 이해가 되지 않는다고 했다.

"회의 준비 다 했는데." 했더니 자신들이 너무 요란스럽게 일했던 것 같다고 했다.

주민들이 하는 봉사의 영역과 이에 대해 행정지원을 하는 공무원의 역할은 구분이 되어야 결국 주민들에게 양질의 행정서비스를 제공할 수 있다고 생각한다.

업무를 개선하는 일은 어려운 일이다. 주민자치회 회원들도 처음에는 불편해하셨지만, 행정서비스 질 향상에 대해 말씀을 드리며 설득하자 이해해 주셨다. 주민자치회 사무장은 직접 불만을 표출하지는 않았지만, 그동안 편하게 주민자치회 사무를 보다가 일이 많아지니 불만은 생길 수밖에 없었다. 공익요원들 또한 편하게 지내다가 일을 시키니 반발이 생겼다. 공익요원들은 동장님을 찾아가 불만을 토로하였다. 동장님은 부당한 일을 시켰는가를 점검하신 후 부당한 일이 없었다는 것을 확인하시고는 공익요원들에게 내 지시에 따르도록 하셨다.

첫 단추가 잘못 끼워지면 계속해서 잘못된 상태로 갈 수밖에 없다. 처음부터 본연의 업무를 하고 있었다면 이러한 불편한 일들이 발생하지 않을 텐데 말하는 것이 어렵다는 이유로 공무원이 직접 수행하다 보면 일 처리의 순서가 뒤바꾸기 십상이다.

업무를 개선하는 일이 감정적으로나 행정적으로나 쉬운 일은 아니지만 힘들어도 해야 한다고 생각한다.

좋은 게 좋은 건 아니다. 고쳐나가는데, 불편이 있더라도 옳은 것을 선택하려는 노력을 게을리하지 않으려 한다.

일하는 재미를 알다

0000년 7월 농업정책과로 발령이 났다. 보성군이나 순천에서 본청 근무를 해본 경험이 거의 없어 긴장되었다.

다행히 팀장님과 전임자의 업무 인계인수에 따른 자세하고 친절한 설명으로 잘 적응할 수 있었다. 내가 담당한 업무는 '친환경 학교급식 식재료 지원사업'이었다. 76억 원의 예산을 학생들에게 제공하는 급식을 친환경 식재료로 전환하는 좋은 사업이었다. 260여 개의 어린이집, 유치원, 초·중·고등학교에서 친환경 식재료 구입에 쓰이는 비용의 70%를 보조금으로 지원해 주고 나머지 30%는 자부담을 하는 매칭 사업이었다.

학교급식과 관련된 업무였지만 교육을 담당한 부서가 아닌 농업 관련 부서에서 이 업무를 추진한 이유는 우리 지역에서 생산되는 친환경농산물의 판로를 확대하고자 했기 때문이다. 학교급식에 친환경 식재료를 지원함으로써 학생들이 건강하게 성장할 수 있도록 하고 친환경농산물의 수요처가 부족해 애태우는 농민들에게는 판로를 열어주는 일거양득의 효과를 가진 사업이었다. 지원사업의 실행은 학교에 직접 보조금을 지급하지 않고 농협·원예농협·축협의 친환경 식재료 공급업체를 통해 시에서 보조하는 금액만큼 농 · 축산물을 직접 학교에 현물로 배송지원하였다. 업무를 파악하고 나니 취지는 아주 좋은 사업이었지만 몇 가지 문제점을 안고 있었다.

첫째, 우리 지역에서 생산되는 친환경농산물을 우리 지역의 학교에 공급하자는 취지였다. 그런데 공급업체에서는 타 지역에서 생산되는 친환경농산물의 가격이 우리 지역 친환경농산물보다 저렴하거나 유통하기에 쉬운 경우에는 다른 지역의 농산물을 학교에 공급하는 경우가 많았다. 우리 지역에서 생산되는 친환경농산물의 판로를 확보하고자 하는 목표를 사실상 비껴가고 있었던 것이다. 당시에는 힘들게 친환경농산물을 재배하여 시장에 내놓아도 제값을 받기 어려운 사정이 있었다. 외관상으로는 농약을 사용하는 일반 농산물이 오히려 친환경농산물보다 상품 값어치가 있어 보이기에 친환경농산물이 싼값에 팔리고 있었다. 원래 목적과 달리 우리 지역에서 생산되는 친환경농산물이 학교급식 식재료로 많은 양이 공급되지 않고 있었다.

둘째, 어린이집이나 유치원은 자부담으로 구입하는 친환경농산물의 자료를 시에 제출하는 증빙서류로 간이영수증을 제출하는 곳이 있었다. 간이영수증에 대한 지출증빙서류는 신뢰성을 확보하기 어려웠다.

셋째, 보조비율이 시에서 70%를 지원하면 30%를 학교에서 부담하여 구입을 해야 했는데 자부담 30% 비율을 맞추지 못하는 곳이 있었다.

넷째, 당시 업무체계는 공급업체 4곳과 260여 개의 학교 등에서 매달 친환경 식재료와 관련된 구입 자료를 농업정책과에 제출해야 했다. 실제로 공급업체에서는 매달 자료를 보내주었지만, 어린이집, 유치원에서는 절반도 자료를 보내주지 않았다. 매달 서류를 제때 보내주었다 하더라도 업무 담당자가 이를 살펴보려면 잠도 안 자고 종일 서류만 살펴보는 일에 매달려도 물리적으로 부족한 시간이었다.

이 업무를 담당하면서 나는 한 해의 계획을 세워 애초부터 추진했던 사업이 아니고 중간에 인사발령을 받아서 갔기 때문에 이러한 문제점을 당장에 개선하기는 어려웠다.

그러나 문제점을 파악했으니 해결할 방안도 있을 거라는 생각에 과장님과 팀장님께 보고드리고 앞으로 업무추진 방향에 대해서도 내 생각을 말씀드렸다.

다음해 사업계획부터는 제기된 문제들이 해결될 수 있도록 사전에 어린이집, 유치원, 초·중·고등학교 대표들과 협의하면서 협조를 구했다. 그리고 사업계획의 달라지는 점들을 강조해서 학교에 공문을 발송했다.

앞서 이야기한 여러 문제점의 해결 방안으로는 첫째, 공급업체에 우리 지역에서 생산되는 친환경농산물을 사용할 것을 원칙으로 하고 혹시라도 부족한 친환경농산물에 대해서는 공급업체에서 우리 지역의 농민들과 계약재배를 통해 재배량을 늘릴 수 있도록 하였다. 학교에서 자체적으로 구입하는 친환경농산물 또한 우리 지역의 친환경농산물을 사용해 주시라고 부탁드렸다. 그랬더니 기존에 비해 우리 지역 친환경농산물이 훨씬 더 많이 공급되었다. 농민들은 친환경농산물 판매량이 늘어나자 기뻐했다.

둘째는 신뢰도가 낮은 간이영수증에 대해서 인정하지 않겠다고 말씀드렸다. 그동안 간이영수증으로 쉽게 서류를 맞췄는데 간이영수증을 인정하지 않겠다고 하니 몇 곳의 어린이집, 유치원에서는 강하게 반발하였다.

셋째는 보조금 매칭 비율인 7:3을 맞추지 않는 학교에 대해서는 친환경 식재료 지원을 하지 않겠다고 통보하였다.

어린이집, 유치원을 위해서는 공급업체에서 식재료 주문시스템을 만들도록 하면서 해결될 수 있었다. 또한, 어린이집과 유치원에서 자부담으로 구입하는 식재료도 이 시스템을 통해 구입하도록 하였다. 시스템을 바꾸면서 어린이집, 유치원에서는 매달 서류를 챙겨서 보내주지 않아도 되어 아이들을 돌보는데 집중할 수 있는 효과를 얻게 되었다.

그러나 몇 군데의 어린이집, 유치원에서 불만 전화가 왔고 소장님, 과장님, 팀장님에게 그들의 불만 사항을 제기했으나 소용이 없자 시장님과 직접 면담을 하고 항의를 했다. 일부 어린이집, 유치원에서 본인들은 실제로 자부담을 하지 않고 보조금만으로 식재료를 구입하고선 대신 간이영수증으로 자부담을 처리하는 편법을 쓰지 못하게 되었던 것이다. 식재료 주문시스템을 만들면 어린이집, 유치원에서 자부담을 사용하지 않으면 보조금을 전혀 받을 수가 없었기 때문에 그분들은 강력하게 반대할 수밖에 없었을 것이다. 매달 어린이집, 유치원에서 제출하는 서류를 시스템화하여 행정적으로도 근무시간 내에 정산서류를 검토할 수 있었다.

이 업무를 개선하기 위해 어린이집에서 전화가 오면 30분 이상을 왜 이렇게 바꿔야 하는지 사업의 목적과 취지에 대해 그분이 이해할 때까지 설명하였다. 매일같이 전화만 붙들고 있는 나를 보면서 과장님도 힘들겠다고 하셨다.

물론 힘은 들지만 한 사람이 이 사업의 취지를 이해하면 다른 사람들에게 사업의 취지를 알려줄 거라 믿었다. 어떤 날은 종일 전화만 하다가 지치는 날도 있었다. 그래도 업무 개선을 위해서는 한 분 한 분께 자세히 설명했고 감사하게도 전화를 걸어온 대부분의 어린이집, 유치원 원장님은 업무 개선의 취지에 대해 잘 이해하고 협조해주셨다.

업무를 추진하던 중 어린이집 원장님들의 회의가 있다고 해서 퇴근 후 사업의 취지에 대해 설명을 하기 위해 저녁 모임에 갔다. 사업에 대해 이야기를 드렸더니 한 원장님이 일어나셨다.

“나는 사실은 오늘 주사님(직위가 없는 지방직 공무원을 통상적으로 부르는 단어)을 가만 안 두려고 벼르고 왔다. 그러나 사업목적을 듣고 우리 지역 농민들에게 도움이 된다고 하니 우리가 적극적으로 협조해야겠다는 생각이 든다. 주사님이 열심히 하고 있으니 우리도 적극적으로 협조하겠다."라면서 칭찬과 지지를 해주셨다.

많은 어린이집과 유치원 원장님, 그리고 공급업체의 협조로 친환경농산물 급식 지원 업무를 개선할 수 있었다.

한 번은 농산물 주문시스템을 만든 후 어린이집에 출장을 갔는데 원장님이 몇 년 전에 감사가 나왔는데 미비 사항에 대해 눈 감아 준 적이 있었다는 경험담을 들려주셨다. 그때는 고마웠다는 생각을 했는데 결국 나중에는 상부 기관에서 확인이 나와서 지적사항이 발견되어 더 큰 손해를 보았다고 했다. 그때 봐주지 말고 처리해 주었다면 하는 원망을 했다고 한다.

그런데 이번에 만들어진 농산물 주문시스템을 사용하면 감사가 와도 전혀 걱정이 없다면서 좋아하셨다. 교육기관에 대해 상부 기관에서 점검 나오면 무조건 긴장하게 되는데 친환경농산물 지원사업만큼은 어디에서 누가 점검을 나오더라도 시스템을 이용하는 한 아무런 문제가 발생하지 않기 때문이다. 내가 미처 생각하지 못한 부분까지 좋아해 주시니 더욱 감사할 뿐이었다.

이 업무를 맡기 전에 어린이집 관련 업무를 맡았던 공무원에게 어린이집 원장님들에 대한 부정적인 의견을 들어서인지 선입견이 있었다. 그러나 함께 일하며 느낀 점은 대부분 원장님은 행정에 협조적이었고, 아이들 같은 순수한 마음이 있다고 생각했다. 그러나 업무를 잘 몰라서인지 미숙한 부분은 보였다. 이런 미숙한 부분을 어떻게 잘 알려줄 것인가를 고민하고 개선하여 행정에서 도움을 준다면 얼마든지 개선해 나갈 수 있을 것 같다는 생각이다. 그러나 일부에선 뻔히 알면서도 본인들의 이익을 좇기 위해 좋은 취지나 목적이 있음에도 불구하고 행정에 강하게 반발하고 행정지도를 따르지 않는 경우도 있다. 가끔 행정행위에 강하게 반발하는 일부의 의견 때문에 선량한 대부분 사람까지도 부정적으로 여겨지는 잘못된 일반화의 오류를 범하고 있는 것은 아닌가 싶은 아쉬운 마음도 들었다.

힘들다고 생각했던 어린이집, 유치원은 강하게 반발하는 일부를 제외한 대부분 원장님들의 적극적인 협조를 받으며 업무가 개선되고 있었지만 정작 몇몇 학교에서 7:3의 비율을 맞추지 않았다. 자부담을 맞추지 못하는 학교는 사전에 전화통화를 하였고 취지를 이해하지 못하거나 사업 실적이 저조한 학교는 직접 찾아가 자부담 비율을 맞춰줄 것을 당부하였다. 영양사 선생님과 대화가 잘 이루어지지 않는 학교의 경우에는 교장 선생님을 따로 만나서 말씀드렸고 협조를 해주시겠다는 답변을 들었다.

자부담 비율을 맞추지 않는 학교 중에는 당시 시장님과 관련된 학교가 있었는데 나는 다른 학교와 동일한 기준을 적용해야 한다고 생각했다. 시장님과 관련된 학교는 특혜를 주고 다른 학교만 잘하라고 하는 것은 공무원으로서의 양심이 허락하지 않았다. 시장님 학교의 영양사 선생님과 통화를 했지만, 도저히 들어줄 의도가 없다는 느낌이 왔다. 학교에 찾아가서 행정실장님께 설명하여 드리고 이후 영양사 선생님께도 부탁했지만 돌아오는 답은 "우리 학교는 보조금이 필요 없다"라는 말이었다. 그래도 행정실장님께서 영양사 선생님에게 말씀드려서 사업의 조건을 맞춰주시길 당부했다. "시장님의 학교니까 더 잘해야 하지 않겠냐"는 부탁의 말씀도 덧붙이고 왔다. 나는 당연히 시장님과 관련된 학교이니 관련된 규정을 더 잘 지켜야 한다고 생각했다.

순천시장을 대리해서 업무를 보러 갔지만 마치 그분들은 내 윗자리에 앉아 있는 상사 같았다. 사무실에 돌아와서 공급업체 직원에게 시장님 학교는 자부담을 맞추기 전까지는 보조금을 지급하지 말라고 했다. 그 말을 들은 공급업체 직원은 "시장님 학교인데 안 줘도 되겠습니까?" 하면서 깜짝 놀랐다. 그동안 자부담 비율을 맞추지 않았던 학교에서는 공급업체로부터 시장님의 학교조차 공급하지 않는다는 말을 듣고서, 이후로는 대부분 학교가 자부담 비율을 맞추게 되었다.

시장님의 학교에 출장을 다녀온 후 학교 관계자는 우리 사무실을 방문하겠다고 전화가 왔으나 찾아오지 않았다. 그러나 시장님의 학교를 지원해달라고 비서실에서 팀장님에게 전화가 왔다. 팀장님은 "경화, 자네에게 부탁이 있네." 하여, 무슨 부탁이냐고 물었더니 "시장님 학교에 보조금을 지급해줘라"라는 말이었다.

그러나 나는 부탁을 들어줄 수 없다고 했다. "순천시장을 대신해서 공무를 수행하기 위해 찾아간 공무원에게 영양사 선생님은 본인의 학교는 지원금이 필요 없다고 나에게 직접 말했는데 왜 줘야 하냐고 줄 수 없다"라고 말씀드렸다. 보조금 비율을 맞추면 사업비를 지급하겠다고 답변을 드렸고 결국 그 해에 시장님의 학교는 사업비 비율을 맞추지 않아 1,300여만 원의 보조금을 지급하지 않았다.

사업 추진 중에 과장님이 인사이동으로 다른 부서로 옮겼다. 새로 오신 과장님은 윗분의 지시에는 무조건 따르는 유형이었다. 사업 취지와 사업 개선 방향을 여러 차례 설명했지만, 과장님은 시장님께 업무를 보고할 때 들은 "학교급식 친환경 식재료 지원사업이 문제가 있다던데"라는 시장님의 한마디로 내가 개선하려던 업무는 중단하고 그 전과 동일한 방식으로 일하라고 하셨다.

나는 왜 업무가 개선되어야 하는지를 몇 번이나 과장님에게 설명했지만, 학교급식에 대해 부정적으로 이야기하신 시장님의 말씀 한마디로 원위치하라는 지시만 하셨다.

내가 과장님의 말씀을 따르지 않자 "자네 같은 사람은 공무원 생활 40년 만에 처음 본다"라며 화를 내셨고, 나는 "시장님께 왜 이 사업을 개선하는지 설명이라도 해보셨냐"라면서 물러서지 않았다. 언쟁이 높아질 수밖에 없었다. 과장님의 반대에도 업무를 중단할 수가 없었다. 이미 문제점이 개선되어 진행 중이었고 다수가 만족해하는 사업을 다시 원점으로 되돌릴 수는 없었기 때문이다. 다행히도 다음 해에 계획했던 방향으로 업무가 개선되었고 농산물 주문시스템은 만들어졌다.

다음 해 시장님께 학교급식 친환경 식재료 지원사업 심의회 개최에 앞서 회의자료 결재를 받으러 가게 되었다. 시장님의 학교에 보조금을 주지 않았으니 마음이 편치만은 않았다. 그리고 여기저기에서 시장님이 학교급식 친환경 식재료 지원사업에 대해 오해를 하고 있다는 이야기가 내 귀에도 들려왔다. 시장님께 결재를 받은 후 사업의 목적, 취지, 문제점, 업무추진 시의 애로사항을 설명하여 드렸다. 그리고 "저의 공무원으로서 양심이 시장님의 학교만을 봐 줄 수 없었습니다. 죄송합니다."라고 말씀드렸다. 시장님은 나를 쳐다보시더니 "잘했어"라는 한마디를 하셨다.

그해 어렵사리 사업은 추진되었고 이제 공급업체와 학교만 점검하면 이 사업이 잘 진행될 수 있을 거란 생각에 가슴이 벅찼다. 그런데 정기인사도 아닌 그해 3월 수시인사로 감사과로 발령받았다. 가고 싶지 않았다.

내가 애정을 가지고 추진했던 업무를 올 한 해 동안 잘 점검해주면 시스템이 원활하게 돌아갈 수 있을 것 같았기 때문이다. 그러나 인사발령이 난 후였으니 아쉬움을 남기고 새로운 부서로 옮겨 갈 수밖에 없었다. 후임자에게 내가 알고 있던 업무의 모든 부분을 상세히 설명하고 평상시에 자세히 살펴봐야 하는 사안에 대해서도 인계를 해주었다. 나보다 더 잘해주길 바라는 마음으로 업무 인계인수를 하고 혹시라도 누가 항의를 한다거나 잘못을 지적하면 그것은 전임자인 내 탓으로 돌리면 된다고 알려주었다.

그러나 후임자는 실망스러웠다. 내가 다시 가서 그 업무를 대신할 수도 없는 노릇이었으니 많은 아쉬움만 남았다.

나는 학교급식 친환경 식재료 지원사업 업무를 추진하면서 힘들었지만, 너무 행복했다. 이 업무를 맡기 전에는 학교급식이 친환경 재료로 만들어지는 줄 몰랐다. 그 후론 내 아이들뿐만 아니라 주변 지인들에게 아이들이 학교에 가면 밥을 많이 먹으라고 학교급식 예찬론자가 되었다.

2부 • 불꽃을 태우다

선배님들

감사과는 누군가의 좋지 못한 모습들을 보아야 하고 그것에 대해 처분을 해야 한다는 생각에 가고 싶지 않은 부서였다. 농업정책과 팀장님께서는 내가 인사발령이 날 거란 걸 미리 알고 계셨는데 소신을 지키고 일을 열심히 한다고 하는데 하필 시장님 학교를 건드렸으니 순천시에서 가장 멀리 떨어진 ○○면으로 쫓겨나는 것은 아닌가 하여 내심 걱정하셨다고 한다. 그러나 내가 좌천되지 않고 직원들이 선호하는 부서인 감사과로 발령을 받으니 다행이라며 누구보다 기뻐하셨다.

감사과에 온 지 며칠 후 복도에서 ○○과장님을 만나 인사를 했는데 반갑게 반겨주시면서 "시장님께서 우리과 회식에 참석하셔서 자네 칭찬을 많이 하시데, 소신 있게 일한다."라고 하셨다. 시장님을 직접 뵌 것은 결재받으러 갔을 때 시장실에서 한 번 뵈었을 뿐이어서 과장님께서는 다른 직원을 나로 착각하신 거로 생각했다. 그런데 그 회식 자리에 참석했던 직원도 역시나 "시장님이 너를 엄청나게 칭찬하더라."라고 나에게 전했다. 그때의 나에 대한 시장님의 칭찬은 진심이었다고 생각한다.

감사과에서 팀장님은 원칙대로 일하라고 말씀해 주셨고 함께 일하는 동료들도 마음이 잘 맞았다. 새로운 업무를 맡고 전임자가 하던 방식대로 일하지 않고 나만의 일하는 방식을 찾아 일하는 모습을 보시며 팀장님은 일을 열심히 한다며 칭찬해주셨다.

그런데 어느 날 ○○면의 불법 토지개발 사건이 일어났고 내가 그 일을 담당하게 되었다. 당시에 다른 부서의 특정감사를 팀장님과 다른 동료직원이 하고 있어서 우리 팀은 바빴다. 그러나 시설직이 아닌 행정직들이 모인 우리 팀에는 사업 관련 단어들조차도 생소했고 절차 또한 법을 일일이 찾아가며 업무를 추진할 수밖에 없었다. 그런데 시설직들 사이에는 공공연하게 불법토지개발 사건은 이미 알려진 일이었다. 과장님은 행정직인 우리 팀 직원들에게 맡기기보다는 사업 업무이니만큼 시설직들이 있는 팀에 맡긴다고 하셨는데 다시 나에게 업무를 담당하라고 하셨다.

그 사건을 담당했던 직원들은 신규 직원들이어서 직원들이 피해를 볼 수 있다고 생각하니 감사를 하는 한 달여 동안 걱정이 되어 잠을 제대로 잘 수가 없었다. 그런데 과장님과 옆의 시설팀장님과 직원은 이 사건에 대해 사무실이 아닌 다른 장소에서 사건을 살펴보고 결론을 내고 있었다. 그러면서 우리 팀 직원들이 어떻게 하는지 살펴보면서 훈수를 두고 있었고 나중에 그 사실을 알게 되었다.

그렇게 한 달여를 고생하고 있던 어느 날 다른 과에서 예산전용에 대한 일상감사 의뢰가 왔는데 관련법에 명확하게 '안된다.'라고 규정되어 있다고 과장님께 말씀드렸다. 그랬더니 일상감사를 의뢰한 과에서 과장님께 '가능하다'라는 답변을 달라는 부탁의 전화가 왔었고 과장님은 나에게 가능하다는 답변을 올리라고 하셨다. 그럴 수 없다고 하자 "예산팀에 같이 가서 답을 찾자."라면서 예산팀에 함께 가자고 하셨다. 나는 "왜 우리 과에서 법에 있는 대로 답변을 하면 되지 예산팀에 가야 합니까? 그것은 주무과가 알아서 해결할 일이예요"라고 하자 화를 내시면서 예산팀으로 혼자 가셨다.

그때가 불법 토지개발 사건 감사로 한 달여 동안 야근과 더불어 주말에도 근무하고 직원들에 대한 걱정으로 잠을 못 자서 스트레스가 쌓였던 때였다. 과장님은 예산팀을 다녀온 후부터는 나를 쳐다보지도 않으셨고 인사도 받지 않았다. 투명인간 취급하시며 직원들과 함께 가야 하는 곳이 있으면 나만 사무실에 있으라고 하셨다. 그렇게 한 달여 동안 말씀하시지 않기에 안 되겠다 싶어서 어느 날 옆 직원에게 말하는 척하고 과장님 들리게 큰소리로 "스트레스 받아서 못 살겠네, 시장님께 말씀드려야겠다." 라고 했더니 한 시간도 지나지 않아 과장님은 나에게 말을 걸기 시작하셨다. 그렇게 과장님이 한 달여 동안 말씀도 안 하시던 예산전용 사건은 결국 우리 팀장님 또한 한번만 사정한다는 부탁 말씀으로 '검토를 해야 한다.'라는 단어를 써서 해당과로 공문을 보냈다.

그러나 그해 전라남도 종합감사에서 감사관이 예산전용의 문제점을 지적하였다. 나는 '가능하다'라는 의견을 주지 않았고 윗분들의 성화로 단지 '검토해야 한다.'라고 공문을 보냈다. 예산팀에서는 알면서도 예산전용을 해주었다. 그런데도 당시 그 부분에 대해 알고 계셨던 예산팀장님은 감사관이 예산전용을 지적하자 나에게 전화를 걸었다. "자네는 공무원으로서 소신이 있는 거여? 없는 거여? 공무원이면 소신을 갖고 일해야 될 거 아니여?"라며 화를 내셨다.

과장님께서 한 달여 동안 말씀도 안 하시던 그 일로 이번에는 예산팀장님이 나에게 화를 내고 계셨다. 예산팀장님은 그 후로도 몇 번이나 나를 보면 그 일을 거론하시면서 화를 내셨고 나는 그냥 당하는 수밖에 없었다. 과장님은 예산팀장님이 나에게 화를 내시는 것을 알고도 모른척하셨고 예산팀장님은 예산전용이 안 된다는 걸 알고도 예산전용을 해주고 감사 지적으로 본인에게 불이익이 갈까 봐 나에게 화를 내셨다.

어느 날 조류인플루엔자 발생으로 비상상황이 벌어졌다. 그런데 담당 부서에는 갑자기 발생된 일이라 야근과 휴일에도 일해야 하는 비상상황으로 해당 부서에서 당면한 사안들을 해결하느라 업체와의 계약이 늦어졌다. 나중에 계약부서에 계약을 의뢰했지만, 시일이 많이 지났다는 이유로 계약부서에서는 계약하지 못하겠다 하여 결국 시장님 지시사항으로 특정감사를 하게 되었다.

특정감사는 내가 맡게 되었는데 하고 싶지 않은 감사였다. 직원들이 얼마나 밤잠 못 자면서 고생하는 줄 알고 있었기 때문이다. 팀장님께서는 초과근무에 대해 살펴보라고 하셨다. 나는 팀장님께"고생하는 직원들의 초과근무를 꼭 봐야 하나요?"라고 말씀드렸지만 살펴보라고 하셔서 할 수 없이 직원들의 초과근무에 대해 살펴보게 되었다. 그런데 전라남도에서는 조류인플루엔자 비상 근무에 대한 공문을 이미 보낸 상태였다. 그 공문의 내용에는 전라남도 조류인플루엔자 비상 관련 초과근무시간은 상한이 없었고 비상이 끝나면 포상휴가도 줄 수 있도록 되어 있었다.

그리고 직원들은 이미 많은 시간을 초과근무 하였지만, 초과근무수당은 정해진 시간 이외에는 지급되지 않았다. 그래서 직원들에게 지급되지 않은 초과근무수당 지급과 포상휴가에 대해 직원들에게 지급해야 한다는 것을 감사결과 지적하였다. 그러나 팀장님은 직원들에게 더 지급해야 하는 초과근무수당에 대해서는 덮으라고 하셨다. 애초 초과근무를 살펴보라고 하신 의도는 직원들에게 초과근무수당이 더 지급되었으면 반납을 받을 목적이었을 텐데 직원들에게 초과근무수당을 더 지급해야 한다고 하니 덮으라고 하시는 것이었다. 나는 그럴 수 없다고 했다. 감사는 직원들에게 불이익을 주기 위해서만 하는 것은 아니라고 생각했기 때문이다. 직원들에게 당연히 주어야 할 것을 주지 않는 것도 지적사항이었다.

몇 번의 옥신각신 끝에 결국 감사 지적사항으로 올리기로 하였다. 그러나 과장님께 공문을 올렸더니 예상대로 과장님 또한 제외하라고 하셨다. 그럴 수 없다고 버텼더니 내 고집을 꺾을 수 없다는 것을 알고 결국은 결재를 해주셨다. 애초 고생했던 직원에 감사를 해야 하는 것이 마음이 몹시 불편했는데 감사 지적 결과 직원들이 받지 못했던 초과근무수당과 직원들에게 포상휴가를 줄 수 있다고 생각하니 기뻤다. 초과근무수당은 직원 21명에게 1,300만 원이 지급되었다. 그 부서의 직원 모두가 받을 수 있게 되었다. 그러나 아쉽게도 우리 상사들은 시장님의 일에는 적극적이었지만 하위 직원의 복지에는 인색했다.

공문에 분명히 명시되어 있고 감사에 지적을 했음에도 불구하고 포상휴가에 대해서만큼은 허락하지 않았다. 그나마 다행인 것은 고생한 직원들에게 초과근무수당을 추가로 줄 수 있어서 기뻤다. 물론 이 일로 나의 상사들은 자신들의 부당한 지시를 거부하는 나를 더 못마땅해하였다.

어느 날부터인가 과장님은 인신공격하셨다. "경화가 하면 피도 눈물도 없이 잘할 것이다"라는 말씀을 자주 하셨다. 그러지 말라고 부탁을 드렸지만, 소용이 없었다. 나도 원칙을 지키면서 일하는 것이 스트레스를 많이 받는다고 말씀을 드렸다. 몇 번의 부탁에도 과장님의 인신공격은 계속되었다. 그러던 어느 날 사무실에서 팀장님들과 회의 중에 "경화가 하면 피도 눈물도 없이 잘할 것이다"라는 말씀을 또 하셨다. 그 이야기를 듣던 나도 놀랐지만, 직원들이 더 놀랐다. 직원들이 "그런 말을 듣고 왜 그 자리에서 말씀드리지 않고 참고 있냐?"고 하였다. 그렇게 말하는 직원들에게 "나는 참지 않기 위해 그 자리에서 말하지 않았다."라고 하였다. 그리고 과장님께 그렇게 말씀하시는 의도가 무엇인지? 전 직원 앞에서 해명해달라는 메일을 보냈는데 옆에 동료 언니가 나를 불렀다. 과장님께서 그 언니에게 나를 설득해달라고 말씀하셨던 것 같다.

"윗사람들은 자기들끼리 다 통하니까 다들 직원들 인수인계를 한다. 결국, 너만 손해 본다. 하지 말아라"라며 참으라고 했다.

"언니, 나도 알아요. 결국은 나만 더 어려운 직장생활이 되리라는 것을. 그러나 여기는 감사과예요. 순천시 어느 부서에서도 일어나지 않아야 할 일이 감사과에서 일어나고 있는 것에 대해서 침묵한다면 내가 어떻게 감사 업무를 더 이상 수행할 수 있겠어요? 내가 감사과의 이 자리에 있기 때문에 참지 않겠다는 거예요. 언니와의 관계가 나빠지고 싶지 않으니 언니는 더 이상 이 일에 관여하지 마세요."라고 했다.

이렇게 상사와의 갈등이 생기는 일이 있으면 언니와 남편 또한 나를 말렸다.

'너가 다 옳으냐?', '너는 그렇게 정직하냐', '다른 사람들이 하는 것은 다 우스워 보이냐' 등의 이야기를 한다. 그것은 내가 힘든 직장생활을 하지 않기를 바라는 염려에서 나오는 말이었다. 나도 이런 불편한 일들이 힘들지만, 천성적으로 아부를 하는 것보다는 불편하더라도 옳다고 생각하는 것을 실행하는 것이 마음이 더 편안한 것을 어떻게 하겠는가? 고분고분한 직원을 만났으면 별 탈 없이 편하게 지낼 수 있었을 텐데 굽힐 줄 모르는 나 때문에 나도 힘이 들었지만, 나의 상사들 또한 힘들었을 것이다.

어느 날 내가 출장을 다녀온 사이 나를 제외한 전 직원이 테이블에 앉아서 회의하고 있었고 과장님께서 부르시더니 "자네가 전 직원 앞에서 해명하라고 하니 전 직원이 모였으니 이야기하겠네. 내가 과의 분위기를 좋게 만들기 위해서 자네에게 농담한 것인데 앞으로는 사무실에서 농담하지 않아야겠네."라고 하셨다. 과장님은 나로 인해서 사무실에서 농담하지 않아야겠다고 말씀하고 계시는 것이었다. 과장님의 해명을 듣고 나는 시장님께 메일을 썼고 순천시청 어느 과에서도 일어나지 않아야 하는 일이 감사과에서 발생하고 있다는 사실을 알렸다. 그러나 시장님의 직접적인 답변은 들을 수 없었다. 대신 국장님의 호출로 면담을 하였고 국장님의 이렇다 할 답변을 듣지는 못했다. 그러나 후에 면담하셨던 국장님께서는 나에 대해 '건방지다' 하셨다고 지인을 통해 전해 들었다.

시장님이 재선을 위해 사직을 할 시점에서 부서를 순회하면서 작별 인사를 하러 감사과를 들르셨을 때 나를 보며 한마디 하셨다. "고집불통" 그때가 시장님과의 두 번째 만남이었다.

그해 7월, 어느 날 나는 총무과장님으로부터 호출을 받았다. 비서실로 오라고 하셨다. 그러시더니 문화예술회관으로 가라고 하셨다. 당시 문화예술회관은 담당 직원과 예술단원 간에 불협화음이 있어서 시끄러웠다. "순천시청 7급 공무원 중 이 일을 해결할 사람은 너밖에 없다."라는 것이었다. "나를 믿고 한번 가보라"고 하시는 말씀도 함께 하셨다. 그분은 나와 근무를 하지 않았는데 언니에게"자네 동생 너무 빳빳한 거 아니여?"란 말을 두 차례나 하셨던 분이셨다. 그런 분이 직접 나를 불러 순천시청의 7급 공무원 중에서 나만이 이 일을 해결할 수 있다고 하니 나는 기분이 좀 묘했다. 지금까지 내가 어느 곳으로 인사이동이 있을 거란 걸 바로 직전이지만 처음으로 알았다. 나에게는 선택의 권한이 없었다. 인사발령을 하면 그곳에 가서 일해야 하는 나는 일개 말단 직원일 뿐이다. 사무실로 돌아오니 이번에는 비서실장님이 전화를 했다. "박 주사님 가시면 하실 일이 있으실 거예요. 부탁합니다"란 통화 후 인사발령 방송이 들려왔고 나는 문화예술회관으로 발령이 났다.

문화예술회관에 발령을 받으면서 두 가지의 생각이 스쳤다. '정말로 이분들이 나의 능력을 인정해 주시는가? 아니면 이번에 두 마리의 토끼를 한꺼번에 잡으려고 하시는가?' 하는 생각이 들었다. 나의 업무처리 성격상, 불성실하게 근무하면서 시장님께 대들어서 시장님을 불편하게 한 그 직원을 어떻게든 할 것이란 생각을 했을 것이다. 그리고 이 일이 끝나면 이미 시장님 학교에 불이익을 준 나를 보기 좋게 날려버릴 기회이기도 할 것이란 생각이 들었다.

불꽃을 태우다

문화예술회관 이곳은 내가 공무원으로서 정점을 찍었던 곳이라는 생각을 하고 있다. 공직생활 중에 불꽃을 태웠던 곳, 그래서 그만큼 애착 또한 크다. 그곳에서 나의 공무원으로서의 혼을 불살랐다.

문화예술회관은 업무 전임자와 예술단 간의 갈등으로 이미 여러 차례 언론 보도가 되어 있었고 그로 인해 특정감사까지 받았었다. 나를 그곳으로 발령낸 이유는 시장님께 대들었던 근무태도가 불량한 예술단원을 어떻게든 불이익을 주고 싶었던 것이다. 그것은 지금까지의 나의 근무에 임하는 태도를 보았을 때 가능하다는 판단을 하셨던 것 같다.

발령받아 간 곳은 인사이동으로 인해 우리 팀의 인원이 한 명 줄어 있었다. 업무는 전임자가 하던 시립예술단 지원 업무와 이미 발령을 받아 간 직원의 업무를 다른 직원과 나누어서 맡게 되었다. 새로운 일과 늘어난 업무량으로 너무나 바빠서 정신을 차릴 수가 없었다. 업무 파악하기에도 빠듯한데 업무량이 늘었으니 늦게까지 일을 해도 업무를 제대로 추진할 수가 없었다. 한 달 동안은 업무파악을 위해 예술단원들의 이야기를 경청하고 궁금한 사항은 그분들과 예술 관련 전문가들에게 물어보았다. 예술단원들은 내가 발령받아 간 한 달 동안 그분들의 이야기만 경청하고 있었기에 좋은 사람이 왔다고 다들 너무 좋아했다.

예술단 업무를 파악하는 것은 쉬운 일이 아니었다. 예술이라곤 어쩌다 문화예술회관에 와서 공연을 보는 정도였는데 나는 예술의 '예(藝)'도 알지 못하는 예술에 대해 무지했다. 그동안 이 업무를 맡았던 직원들도 예술이라는 새로운 분야에 대해 알지 못했기 때문에 어려움을 많이 겪었을 것으로 생각되었다. 그리고 예술단에서는 행정의 이러한 약점으로 '행정이 예술을 침해한다.'라는 이유를 들어 그동안 다툼이 지속되어 왔다.

행정가들이 예술에 대해 알지 못하기 때문에 그동안 예술단이 말하는 '행정이 예술을 침해한다.'라는 말에 속수

무책일 수밖에 없었다. 그러나 '나의 업무는 예술을 지원하는 행정 업무이지 예술을 내가 직접 해야 되는 사람은 아니다.'라는 생각으로 업무를 추진하니 업무가 차츰 보이기 시작했다.

지역의 예술전문가 중 한 분이 업무에 도움을 많이 주셨다. 그분이 알려주신 예술 관련 사항은 심사하기 위해 외부에서 오신 예술전문가들에게 물어보고 확인을 거친 후 일을 추진했다. 다행히 지역 예술전문가의 예술 관련 의견은 외부전문가들의 의견과 일치했다. 나는 검증을 통해 업무를 알아가기 시작했고 외부에서 오신 예술전문가들은 여러 곳을 다니고 있지만, 나처럼 질문을 많이 하고 관심을 둔 공무원은 본 적이 없다고 하시면서 질문에 대해 잘 답변해 주셨다. 궁금한 것은 예술단원들, 지역전문가, 외부전문가에게 물으니 예술 행정에 대해 큰 틀의 윤곽을 조금씩 알 수 있었다. 생소한 업무도 관심이 있어야 알게 되고 관심을 두지 않으면 알 수가 없다. 우리가 모르는 물건에 대해 구입을 할 때도 정보를 수집해서 그 상품에 대해 알 수 있듯이 업무도 역시 담당자가 관심만 있으면 행정적인 부분은 알 수 있다고 생각한다.

매일 야근과 주말 밤까지 일하면서도 좀처럼 일은 진척이 없고 한 달 정도 되니 몇몇 예술단원들의 업무 태도에 멘붕이 왔고 업무량 과다와 스트레스가 쌓이기 시작했다. '뭐 이런 곳이 있나.' 싶을 정도로 행정에서는 있을 수 없는 일들이 일어나고 있었던 것이다. 그동안 잘못 운영되고 있는 일들이 너무 많았다. 문제를 일으켰던 단원이 있는 곳보다 다른 예술단이 더욱 심각하였다. 일부의 예술단원들이 기본적인 업무시간도 지키지 않았을 뿐만 아니라 본인의 고유업무조차도 하지 않는 단원들이 오히려 큰소리를 치고 있었다. 고질적인 문제점이 보이기 시작했다.

2014년 4월 16일 세월호 침몰 사건으로 내 아들 또래의 아이들이 희생되면서 온 국민이 가슴 아파하고 우울한 날들이 지속되었으며 나중에는 화도 나고 미안하기도 했고 자책이 되기도 했다. 나는 이제 기성세대가 되었고 사회에 대해 책임감을 지녀야 한다고 생각한다. 그러나 어느 곳 하나 원칙을 지키지 않았고 불법과 탈법이 모여서 결국에는 대형 참사가 일어났고 우리는 슬퍼하기만 했다. 세월호 사건은 나에게 무엇인가 원칙을 지키지 못했다는 부채의식을 가슴에 남겼고, 내가 하는 업무는 원칙에 준

수해서 해야겠다는 다짐을 하는 계기도 되었다.

시립예술단에는 합창단, 극단, 소년소녀합창단, 청소년 교향악단 4개의 단체가 운영되고 있었다. 소년소녀합창단과 청소년교향악단은 한 명의 지휘자가 지휘하고 계셨다. 그런데 이곳이 가장 문제가 많았던 곳이었다.

내가 매일 야근과 주말에도 일해야만 했던 이유이다. 나에게도 2명의 초·중학생 아들들이 있었는데도 내 아이들을 잘 돌보지 못하면서도 일에 매달릴 수밖에 없었다. 세월호처럼 그러한 불행한 일들을 만들고 싶지는 않았다. 아이들이 좋은 환경에서 배울 수 있기를 진심으로 바랐다. 그것으로 나는 세월호 아이들에 대한 미안한 마음을 대신하고 싶었다. 성인이 피해자가 되는 데에는 본인의 책임도 어느 정도 있다고 생각한다. 성인과 성인 사이에는 거부하거나 맞서거나 그러한 피해를 보지 않기 위해 노력해야 한다고 생각한다. 그래서 성인과 성인 간의 일로 잘못되었다면 나의 사생활을 팽개치고 오직 업무에 매달리지 않았을 것이다. 그러나 아이들은 다르다. 어른들이 보호해 주어야 할 의무가 있는 것이다. 나는 사무실에서 전쟁한다는 마음으로 출근을 했는데 실제로 사무실은 전쟁터처럼 언성이 날마다 높아졌고 예술단원들과 다투는 일이 잦았다.

소년소녀합창단은 수, 목, 토요일에 운영되었고, 청소년교향악단은 금, 토요일에 운영되었다. 인원이 130여 명 정도 되었다. 그런데 지휘자가 무단결근과 아이들의 수업시간에 조기 퇴근을 하기도 하였다. 지휘자의 승낙만 얻으면 강사들도 무단결근하였다. 밤과 주말 운영으로 직원들의 근무시간과 달라 더욱 그러한 상황이 발생했을 것으로 본다. 여러 문제가 있는 사항에 대해 지휘자께 말씀드렸고 이전에 어떻게 운영을 하셨든 상관하지 않겠으니 앞으로는 잘해주시길 바란다고 몇 번을 부탁드렸지만, 소용이 없었고 말도 안 되는 억지 이야기를 하면서 안하무인이었다. 자신의 잘못에 대해 반성은커녕 오히려 큰소리를 쳤다. 지적된 사항에 대해서 시정이 되지 않았고 반복되는 설득에도 불구하고 근무태도는 변하지 않았다. 이외에도 말도 안 되는 상황들이 매일 반복되고 지속되었다.

시장님께 예술단 상황에 대해 보고 드렸더니 "대가 곧으면 부러진다."라고 하셨다. 그러나 나는 시장님께 "저는 지금 거기는 전쟁터라는 생각으로 일하고 있습니다. 제가 한눈팔면 총을 맞아 그 자리에서 죽게 되어 있습니다. 날마다 계란으로 바위를 치는 심정으로 일하고 있습니다." 라고 말씀드렸다. 내가 융통성을 발휘하고 싶어도 이곳에서는 그럴 수가 없다고 했다. 왜냐면 지금은 전쟁 중이므로 내가 실수라도 하면 나는 공격을 받을 수밖에 없었다. 시장님께 "기본이 되어있지 않은데 어떻게 융통성을 발휘할 수가 있겠습니까? 체로 체는 심정으로 일을 하고 있습니다."라고 말씀드리고 인원이 없어 업무를 추진할 수 없다고 말씀드렸더니 인원을 한 명 추가로 배치해주셨다.

직원이 한 명 보충되어서 나는 본연의 업무에 더욱 매진할 수 있었고, 매일매일 고성이 오가는 상황에서 일해야 했다. 어느 순간 나는 공격적인 성향으로 변해가고 이상해지는 것 같았다. 그래도 한 가지 한 가지 개선할 수 있는 것은 개선해 나갔다. 다행히 성인합창단은 체계가 잡혀 있었기 때문에 다른 예술단에 매진할 수 있었다.

시장님께 반항한 예술단원은 전임자와 다툼이 잦았고, 내가 발령받아서 갔을 때도 여전히 큰소리를 치셨다. 그분은 나에게 항의도 하고 협박도 하고 회유도 하셨다. 그러나 내가 끄떡도 하지 않자 본인에게 불이익을 줄 경우 자신의 모든 것을 동원해서 가만두지 않겠다고 협박을 했다. 그러나 인사권자들은 시장님께 대든 예술 단원을 정리해 주길 바라는 마음으로 나를 그곳에 발령했겠지만, 그분은 성인 단원들에게만 영향을 미치고 있었기 때문에 이미 그 단원은 내 관심에서 벗어나 있었으며, 나는 이미 학생예술단에 꽂혀있었다.

이해가 되지 않은 일 중 하나는 사무실에 직원들이 10여 명 정도가 근무하고 있는데도 예술단원이 사무실에 와서 큰소리를 쳐도 익숙한 모습으로 직원들은 별 반응을 보이지 않았다.

발령받고 한 달은 그분들의 이야기만, 경청하고 그 후부터는 예술단원들에게 업무적으로 질문을 하였다. 매일같이 언성이 높아졌지만 언제나 그분들은 나의 질문에 답을 하지 못하고 돌아갔다. 왜냐하면, 그분들은 그 자리를 모면하기 위한 즉흥적인 답을 했고 그 대답들이 결국은 자신들의 거짓말을 스스로 증명했기 때문이었다. 나는 논리적이고 객관적으로 사실만을 이야기했다. 그분들의 즉

답이나 때로는 억지의 말들은 허점이 있을 수밖에 없었다. 초기에는 예술단원들이 나에게 꼼짝없이 당하고 가는 것을 보시더니 옆에 팀장님께서 "십 년 묵은 체증이 뚫리는 것 같다"라며 엄청나게 좋아하셨다. 직원들도 너무 속시원해하였다. 그동안 예술단원들에게 당하고만 있었는데 내가 오면서부터는 언제나 그분들이 논쟁에서 반박하지 못하고 가시는 모습을 보였기 때문이다. 매번 논리적으로 반론하는 나에게 직원들은 '박 검사'라는 별명을 붙여주었다.

내가 예술단원과 언쟁을 높이고 있어도 직원들에게 도움을 받을 수는 없었다. 관장님도 큰소리가 난다 싶으면 사무실로 들어오시다가도 슬그머니 다시 뒤돌아 나가셨다. 힘겨운 싸움을 혼자서 헤쳐나갈 수밖에 없었다. 징계업무를 추진하기 전까지는 나의 업무추진에 대해 관장님도 좋아하셨다.

예술단은 아무리 기본적인 업무지시를 내려도 시정이 되지 않아서 할 수 없이 징계를 추진하게 되었다. 애초에는 예술단원 5명을 징계하기로 하였으나 관장님께서 2명만 하자고 하셔서 관장님의 의견대로 추진하기로 하였다.

한 명의 단원은 그동안의 근무상황으로 강등을 시켰다. 그러나 관장님께서는 강등 고지를 나에게 하라고 하셨다. 본인이 직접 하시는 것은 곤란하셨던 것이다. 관장님은 "너가 담당자고 업무에 대해 잘 알고 있으니 네가 직접 말해라"고 하셨다. 그러시면서 나에게 다른 1명은 징계를 하지 말자고 하셨다. 나는 그럴 수 없다고 했다. 왜냐하면, 지속적인 행정지도에도 그분의 근무태도가 전혀 달라지지 않았고 나는 이미 그곳에 관심이 온통 집중되어 있었기 때문에 물러설 수가 없었다. 그래서 관장님께 말씀드렸다.

"곤란한 일은 관장님께서 내가 예술단 담당자이니 저보고 알아서 하라고 하셨으니 앞으로 예술단 징계는 내 업무이니 애초 징계를 하지 않기로 했던 단원들도 징계를 추진하겠습니다."라고 말씀드렸다. 관장님은 징계와는 별개라고 말씀하셨다. 그러나 이미 나는 징계를 추진해야겠다고 결심했다. 그래서 5명 중 4명의 징계를 추진하였다. 시장님께 대들었던 1명은 이미 강등으로 징계성 인사발령을 하여 마무리가 되었다.

문화예술회관에서의 업무는 너무 분주했다. 다른 직원들은 문화예술회관 같은 곳에서 무슨 일 하냐고 거기는 좀 쉬엄쉬엄 업무를 하는 곳이 아니냐고 한다. 나는 '바보 공무원'인 것이다. 다른 공무원들이 편하게 근무할 수 있는 곳에서 나는 사생활과 승진도 포기하고 예술단 업무에 매진했으니 말이다. 나는 예술단 공연 지원도 잘 해주고 싶었고 징계도 추진해야 해서 하루하루가 정신없이 바쁜 하루를 보냈다. 그러나 다행히도 공연준비는 직원분들이 너무 잘 도와주셨다. 혼자서 애를 쓰는 모습을 보고 직원들은 어떻게라도 도움을 주고자 하셨다. 내가 공연준비를 위해 부탁과 동시에 직원들이 바로 일 처리를 해주셨다. 그러한 모습을 보시고 옆에 팀장님께서는 "여왕벌이 말하면 일벌들이 일사불란하게 움직이는구먼." 하셨다. 그만큼 적극적으로 직원분들이 도와주셔서 나는 예술단 업무에 더욱 매진할 수 있었고, 예술단 공연 지원을 잘해 줄 수 있었다. '행정이 예술을 침해한다.'라고 했던 당초와 달리 나의 공연 관련 의견 제시가 좋은 의견인 것 같다고 공연 시 의견을 반영해 주기도 하셨다. 공연을 지원하는 예술단 업무는 그동안 해보지 않는 일이어서 재미도 있고 보람도 있었다.

예술단이 창단된 후 복무 관련 징계는 한 번도 추진된 일이 없는데 처음으로 해보지 않은 업무를 하려니 업무

절차도 서툴고 너무 힘이 들었다. 노무사님을 통해서 어떻게 업무를 추진해야 하는지 다음 단계는 어떤 걸 준비해야 하는지 조언을 들으면서 상사들의 반대와 예술단의 저항에 맞서며 업무를 힘들게 추진할 수 있었다.

1년도 되지 않아 나는 예술단의 징계업무를 마무리할 수 있었고 새로운 지휘자들을 모실 수 있었다. 예술단의 문제점을 많이 치유할 수 있게 되었다. ○○시향의 ○○○ 대표는 정작 ○○시향에 몸담으면서 본인이 추진하고자 하는 일은 실행해 보지도 못했다고 한다. 그만큼 공무원에게 예술단 업무는 너무나 어려운 업무였다. ○○○대표도 업무에 대해 아무것도 해보지 못하고 떠난 ○○시향이었다. 그러나 나는 말단 공무원이면서 추진하고자 하는 일은 다 마무리하고 있었다. 짧은 기간 동안 얼마나 혼신을 다해 전력 질주했는지 스스로 놀라웠고 나는 많은 일을 해내고 있었다. 다행히 예술단 아이들에게 지휘자를 좋은 분들로 모실 수 있어서 만족했다.

특히 교향악단의 지휘자는 너무나 아이들에게 선물하고 싶었던 선생님으로 실력이 좋으셨다. 아이들의 수업시간에는 온몸이 땀에 흥건히 젖을 정도로 열정적으로 가르치고 계셨다.

지휘자의 그러한 모습을 보고 자연스럽게 강사 선생님들이 변화되어 갔고 아이들이 변화되기 시작했으며 아이들의 실력이 놀랄 정도로 향상되었다. 그동안 공무원들이 예술단을 바라보는 시각은 좋지 않았다. 나도 초기에는 마찬가지였으나 예술단 지원 업무 담당자로서 예술단의 이러한 관계를 개선하고 싶었고 최종 나의 목표는 '시민들에게 인정받고 사랑받는 예술단'을 만드는 것이 어느새 꿈이 되어있었다.

나는 청소년교향악단을 보면 신바람이 났다. 내가 바라는 이상적인 예술단의 모습이 청소년교향악단이었다. 인제 와서 생각하니 성공한 예술단 업무 담당자였다고 자평한다. 시민에게 사랑받는 예술단을 만드는 것이 내 업무의 목표였는데 청소년교향악단은 시민들에게 사랑받는 예술단으로 점차 자리를 잡아가고 있었던 것이다.

내가 아프고 고통스러울 때도 청소년교향악단을 보면서 위안을 받았다. '그래, 내가 이렇게 아픈 것이 비록 현재는 고통스럽지만 고생해서 만들어진 청소년교향악단이 있지. 너희들이 행복하니 나는 만족한단다.' 이런 마음이었다. 청소년교향악단이 없었다면 얼마나 더 절망했을까, 싶다. 희한하게도 아이들은 연습을 통해 성인들도 어렵다는 곡을 하나씩 해내고 있었고 실력은 쑥쑥 늘어나고 있었다.

해마다 여름, 겨울 방학을 이용해서 수련회를 가는데 나는 매번 동행했다. 그동안 담당 공무원들은 수련회에 가지 않았다고 하였다. 그래서 내가 수련회에 간다고 했을 때 예술단에서는 말만 하고 실제로는 오지 않을 것으로 생각했다고 한다. 그래서 그날 수련회에 참석한 나를 보고 놀랐다고 했다. 공교롭게도 내가 수련회를 처음으로 참석한 날은 몸살이 나서 엄청 아팠었다. 수련회만 아니면 집에서 쉬어야 할 정도였다.

새로 오신 지휘자와 함께하는 청소년교향악단은 수련회 때부터 성인 연주자들도 어려워하는 곡을 처음으로 연습을 시작해서 2박 3일 수련회가 끝날 때까지 해내는 것을 보면 정말 흥분이 되었다. 아이들의 능력의 한계는 어디인가 싶을 정도로 예술에 대해 문외한인 내가 들어도 아이들이 연주해내는 곡들은 놀라울 정도의 실력을 갖추고 있었다.

실력이 일취월장하는 예술단으로 거듭날 수 있었던 건 지휘자의 능력이라고 생각한다. 예술계에는 이러한 말이 있다고 한다 '잘하는 예술단도, 못하는 예술단도 없다. 잘하는 지휘자와 못하는 지휘자만 있을 뿐이다' 그만큼 지휘자의 실력에 따라 그 단체의 실력이 달라진다는 이야기이다. 오죽하면 실력 있는 예술단도 실력이 부족한 지휘자의 지휘를 받으면 연주의 결과가 좋지 않다고 한다. 그것은 우리 청소년교향악단에서 이미 증명이 되었다. 청소년교향악단 지휘자의 지휘로 동일한 곡을 지방의 소도시인 순천에서는 초등학생부터 대학생까지 단원이 모인 청소년교향악단이 연주하고, 서울은 세종문화예술회관에서 성인 연주자들이 연주한 것이다. 서울의 성인 연주자들이 하는 공연과 순천에서 청소년교향악단의 단원들이 하는 공연을 모두 관람했는데 연주는 둘 다 너무 좋았다. 지금도 청소년교향악단의 공연이 내게 악기로 들려주는 위안과 감동은 잊을 수가 없다.

지휘자 한 사람 바뀌었다고 변화되는 것은 너무나 많았다. 공연을 앞둔 며칠 전부터 연주곡이 너무 어려워서 악기 연습을 위해 수업이 없는 날인데도 선생님이 아이들을 나오라고 하여 사비로 저녁밥까지 사주시면서 아이들을 지도하신다는 것이었다.

너무나 감동을 하여서 눈물이 나왔다. 선생님들은 전에는 근무시간조차 성실하지 않을 때도 있었는데 이제는 사비를 들이고 별도의 시간을 내어서까지 아이들을 지도하고 계셨던 것이다. 예술단을 사랑하는 모습이 느껴졌다. 지휘자, 선생님들, 단원들 모두가 최선을 다해 정성껏 공연을 준비했으니 공연은 시민들에게 감동을 줄 수밖에 없었다. 열정적으로 지휘해 주신 지휘자님, 제자들을 사랑하는 마음으로 알려주신 선생님들, 선생님들의 지도를 잘 따라준 단원들께 감사의 마음을 전하고 싶다. 진심과 진심이 통하는 예술단과의 교류였던 것 같다.

청소년교향악단의 팬들이 늘어갔고 인근 지역으로 입소문이 퍼지면서 많은 예술인과 주변의 아이들이 청소년교향악단에 들어오기 위해 노력한다고 하였다. 또한, 선생님들도 지역에서 수준 높은 연주를 할 기회가 없었는데 합주할 수 있어 너무들 좋아하셨다. 그리고 아이들에게 더욱 잘 알려주시기 위한 모습은 감동이었다.

내가 떠난 이후로도 청소년교향악단은 해마다 발전해 나갔다. 지역에서 듣기 어려운 수준 높은 곡들을 공연 때마다 하고 있었으니, 성인도 아닌 아이들이 시민들에게 들려주기 시작했고 지역 예술인들 또한 함께 공연하기 위해 실력을 향상해 가고 있었다.

지휘자의 지도자로서의 훌륭함은 인간적인 곳에서 더욱 빛났다. 단원 중에 희소병을 앓고 있는 아이가 있었다고 한다. 이 아이는 광양에서 다녔는데 몸이 아파서 혼자서는 문화예술회관에 올 수 없었다. 보호자가 데려다주어야 하고 평소에는 한 시간도 앉아 있기 힘들다고 하는데 지휘자와 함께 하는 3시간의 교향악단의 연습에 참여했다고 한다. 다른 단원들과 친하게 지내지 못했는데 오롯이 지휘자와 연주를 하기 위해 힘들게 다녔다고 한다. 수업하고 집에 가면 녹초가 되어서 누워서만 지내야 한다고 했는데 그렇게 힘들어도 이 아이의 기쁨은 지휘자 선생님과 함께 연주하는 즐거움에서 얻었다고 한다. 예술단이 있어야 하는 이유였다. 또한, 광주에서 다니는 자폐아가 있었는데 자폐를 지닌 아이를 지휘자는 함께 연주할 수 있도록 지도하고 있었다. 그 아이의 부모님이 너무나 감사하게 생각했다고 한다. 그야말로 지휘자의 인격과 역량이 빛나는 일이었다.

지휘자가 오시면서 악기 전공자가 늘었다. 애초에는 취미로 왔다가 악기를 전공하는 학생들이 많아졌고 학교 진학에서도 학생들이 애초 기대했던 곳보다 더 좋은 학교로 갈 수 있었다. 청소년교향악단의 존재 이유를 알 수 있었고 지역의 예술 인재육성과 더불어 수준이 높아지게 되었다. 내가 근무할 당시 지휘자님께 부탁드렸다. "지휘자님께서 순천에 오셨으니 학생들이 좋은 학교에 갈 수 있도록 지도하는 것이 지휘자님께서 하실 일이십니다."라고 부탁을 드렸었다. 그분의 능력을 최대한 끌어내어 학생들에게 주고자 하였다.

청소년교향악단의 지휘자님은 훌륭한 지도자였으며, 나는 그분께 지금도 너무나 감사드린다. 나의 예술단에 대한 꿈이 이상으로만 머물지 않고 현실에서 이루어지는 것을 보여주신 분이시다. 그럼에도 불구하고 너무나 가슴 아픈 일은 지휘자님의 훌륭함을 알지 못하는 이들이 그분을 폄훼하고 오명을 씌워 지휘자님께 생채기를 내서 보내드렸다는 점이다. 우리가 범하는 오류의 행정행위였다. 지휘자님을 지켜내지는 못하였으나 순천 예술발전을 위해 행정에 항의하셨고 그 과정과 결과에 상처받으셨을 선생님들, 단원들, 부모님들, 예술인들께도 감사의 마음을 전한다.

문화예술회관에서 내 영혼까지도 바칠 정도로 일을 했지만, 좌천을 당했다. 지휘자님 또한 나와 같은 처지여서 마음이 아팠다. 이 사회에서는 소신과 열정만으로는 인정받기에 무리가 있는 일이라는 것을 이미 잘 알고 있었다. 그렇기 때문에 예술단 징계업무를 추진하면서 나는 승진을 포기하고 의미 있다고 생각하는 일을 선택하며 일을 한 것이다. 그러나 그 업무를 추진하고 난 후에는 인정해주는 것 같아서 이제는 내 몫을 받아야겠다는 생각이 들었다. 내 것을 포기하고 추진했던 일이 마치 나는 승진에 욕심을 내고 일을 하는 사람인 양 둔갑이 되었다. 그래서 나의 분노는 삭아 들지 않았다.

나는 알고 있다. 소신을 갖고 일하는 사람은 사는 것이 힘이 들고 불이익이 많이 따른다는 것을 그럼에도 불구하고 나는 다행이라고 생각한다. 공공의 선을 위해 희생되신 많은 분은 목숨으로 대신하는 분들도 적지 않았다는 것이다. 나 또한 그러한 상황이 있었지만, 다행히도 현재 살아 있으며 공무원이라는 직업에 종사하고 있고 매월 급여도 꼬박꼬박 나오고 있어 생계에 문제가 없다. 건강이 좋지 않아 일상생활에 어려움은 있으나 그 정도는 참아낼 수 있다고 생각한다. 이만하길 다행이라고 생각하며 감사한 마음으로 살아가고 있다.

부디 상처 입고 떠나신 서경욱 지휘자님도 받으신 고통만큼 얻어지는 것이 있으시길 하느님께 기도해본다. 그리고 다시 훌륭하신 그분이 오셔서 순천의 예술을 꽃피워 주시길 소망해 본다.

누가 내 고객인가

가끔 주변을 보면 자신이 담당하고 있는 업무가 자신의 권한인 것처럼 일하는 직원들이 있다. 물론 나도 의식하지 못한 채 그럴 때가 있는 것 같다. 일할 때는 내 고객이 누구인지를 생각해야 한다. 시민들과 직접 대면 업무를 하는 업무에서 고객은 '시민'이다. 그러나 직원들을 대상으로 업무추진을 하는 부서는 그 주요 고객은 '직원'이 된다. 고객은 때로는 친절하지만 반대로 억지를 쓰기도 한다. 그러나 공무원은 고객에 대해 친절 하고자 최선을 다하고 대부분의 공무원들은 시민 고객에게 친절하다.

그러나 내부 공무원을 대상으로 업무 하는 직원들을 보면 시민 고객들에 대하는 것과는 많은 차이가 있음을 느낄 때가 있다. 대표적으로 공직 사회에서 힘 있는 예산, 인사, 감사, 회계 부서는 자신의 고객이 누구인지 망각하고 일하는 경우를 종종 볼 수 있다.

나는 이러한 상황을 볼 때 참 아쉽다는 생각을 한다. 업무는 권한이 아니라 그냥 일일 뿐이다. 업무를 자신의 권한인 양 남용을 하는 이들이 안타까울 뿐이다. 그리고 업체 직원들을 대할 때 공무원들의 태도에서도 아쉬운 점을 느낄 때가 있다. 우리는 업무적인 관계로 일과 일의 관계로 만난 것이다. 동등한 입장으로 대해야 한다고 생각한다. 물론 업무적으로 요구해야 할 부분은 확실히 해야 한다고 생각한다. 그분들과 공무원은 갑과 을의 관계가 아니다. 업체 사장님이 비굴할 정도로 굽실거리면 비위가 상한다. 어쩌면 공무원들이 그렇게 만들었는지 모르지만, 업무적인 관계로 만났으면 일만 잘하면 된다고 생각한다.

내가 만난 업체들의 경우 일만 잘하면 그분들께 일을 지속으로 맡겼고, 일을 못 하고 꼼수를 부리는 업체는 일을 잘할 수 있도록 계속해서 보완될 수 있도록 하거나 불성실하면 업체를 바꿨다. 문화예술회관에서 일할 때 나는 계약부서 직원들로부터 욕을 많이 얻어먹었다. 내 험담을 하다가 같은 공무원인 언니와 남편의 험담을 자연스럽게 한다는 것이다. 계약부서에서 일하던 선배 언니가 제발 나에게 소리 안 나게 일할 수 없느냐고, 유난스럽게 일도 한다면서 나로 인해 가족들까지 험담하는 것을 듣기 싫다고 조언하였다.

내가 문화예술회관으로 발령받기 전에 전임자가 합창단 단복을 제작하고 있었는데 그 업체는 일 처리가 서툴렀다. 예술단원들의 불만이 이만저만 아니었다. 예뻐야 할 드레스가 몸에 맞지도 않는다면서 불만을 했다. 심지어는 임산부에게 44 사이즈의 드레스를 만들어 왔다고 한다. 단원들 사이즈부터 문제가 있었고 드레스 디자인이 본인들의 몸에 맞지 않는다는 불평을 했다. 그러나 이미 계약이 되어 있는 상태였고 어쩔 수 없이 그해에는 그 업체에서 단원들이 옷을 손질해 가면서 입었다.

그런데 어느 날 계약부서 직원이 왜 "그 업체와 계약을 했냐?"고 오히려 질타의 전화가 왔다. 내가 오기 전에 이미 계약이 되었기 때문에 어쩔 수 없었지만, 내년에는 다른 업체에 계약하겠다고 했다. 그 직원도 다음에는 그 업체에 하지 말라고 했다.

다음 해에 단복을 제작하려고 하는데 업체 사장님은 사무실을 문턱이 닳도록 다녔다. 타 지역에서 자주 방문하는 사장님의 정성에 감탄이 나왔다. 영업하는 일은 저렇게 끈질김이 있어야 하는구나 하고 느꼈고 영업에 대해서 다시 한번 생각하게 되는 계기가 되었다. 그 사장님 또한 본인보다 훨씬 어린 나를 지속해서 찾아오시는 것은 어려운 일이라고 생각하니 나중에는 인간적으로는 참 대단하시다 생각했다. 그러나 나는 공적인 일을 하는 사람으로 예산을 낭비해서는 안 된다고 생각했다. 작년에 우여곡절 끝에 만들어진 드레스는 내가 근무하는 동안 공연 중 두 번밖에 입지 않았다. 단원들은 드레스가 예쁘지도 않고 불편하기만 하다고 했다.

나중에는 내가 사장님에게 사정을 했다. "사장님 제가 작년에 드레스를 보지 않았다면 사장님이 이렇게 찾아오시는 정성을 생각해서라도 일을 맡기고 싶지만, 작년에 만들었던 드레스를 단원들이 싫어하고 입지를 않습니다. 그런데 제가 올해 사장님과 다시 계약을 또 한다면 단원들에게 뭐라고 말을 하겠습니까. 그러니 제가 근무하는 동안에는 우리 사무실을 방문하지 않으셨으면 감사하겠습니다."라고 말씀드렸다.

그러나 업체 사장님은 이후로도 사무실을 계속 방문하셨고 단복을 제작하고자 했을 때는 ○○ 과장님이 전화로 그 업체에 단복을 맡겨달라고 하는 것이었다. 과장님께 왜 그 업체에 맡기지 못하는지를 설명했지만, 그 업체에 해달라는 것이었다. 그분은 당시 위치에서 청탁을 넣어서는 안 되는 부서에 계셨던 분이었다.

계약부서 팀장님도 이런저런 핑계를 대며 그 업체에 계약하라고 전화가 왔지만 안되는 사유를 말씀드리고 단원들이 하고 싶은 업체를 선정해서 드레스를 제작하니 단원들이 너무나 만족해했다. 드레스가 예쁘다며 이번에 만든 드레스는 공연 때에 자주 입고 공연하였다. 이 일로 계약부서와는 더욱 불편한 관계가 되었지만, 단원들이 좋아하는 것으로 되었다고 생각했다. 계약부서와 불편한 관계를 만들면서까지 단원들이 선호하는 단복을 만들어 주는 것을 알고 단원들은 나의 업무추진의 공정성에 대해 나름 인정해 주었다.

청소년교향악단의 단복을 제작할 때도 마찬가지였다. 역시나 계약부서에서는 그 업체에 맡기라고 했다. 그럴 수는 없다고 그간의 사정에 대해 몇 번이나 설득한 후에 겨우 단원들이 원하는 곳으로 단복을 맡길 수 있었다. 어느 날 아이들이 단복을 제작한다는 것을 알고는 자신들의 메모 칠판에 '○○○는 절대 안 됨'이라고 업체명까지 써 놓은 것이었다.

나는 빵 터졌다. 그 업체의 옷을 또 해주었더라면 아이들이 얼마나 실망했겠는가? 나는 또 계약부서에서 나와 가족들의 험담을 들었지만, 아이들은 단복을 입어보고 자신들의 모습에 너무 좋아했다. 나는 불편하지만, 단원들이 행복해하는 것으로 만족했다. 단원들이 만족하는 단복을 주고 예산도 낭비하지 않게 되었으니 말이다. 문화예술회관에 있으면서 당시의 내가 제일 무서워하는 곳이 계약부서였다. 하지만 내 고객을 위해 최선을 다하였고 그것이 내가 할 일이라고 생각했던 것이다.

성장

나는 공무원 조직에 맞지 않는 사람이라고 생각하면서 살아왔다. 상사가 시키는 대로 무조건 해야 하고, '좋은 게 좋은 거다.', '소나기 내리면 피해가라' 등의 공무원 사회에서 회자되는 말과는 거리가 있는 사람이다. 다행히 나는 오랫동안 맡은 업무가 민원이나 단순성 사무가 주된 업무였기에 윗분들과 의견 충돌을 일으키지 않아도 되었다.

그런데 단독적인 업무를 맡으면서는 의견 충돌이 생겼고 결국엔 상사들의 눈 밖에 나는 일들이 생겼다. 평소에 잘하더라도 상사의 뜻을 한 번 거스르는 일이 생기면 불편한 직원이 되는 것이다. 그것은 인사이동이 되면 자연스럽게 상사들 간에 인계인수가 되었으므로 나를 바라보는 시선이 호의적이지만은 않았다.

최근에 어떤 교수님을 만났다. 교수님께서도 교수 조직에서도 바른말을 하신다고 한다. 그러면 당연히 분위기가 이상해지고 그러한 분위기를 견디면서 살아오셨다고 하시는데 요즘에는 교수님 같은 분들이 주변에 가끔씩 보인다고 하신다. 나도 그렇게 생각하고 있다. 나 같은 사람이 주변에서 찾기가 어려웠는데 가끔씩 보이기 시작했다. 우리 같은 사람들이 힘드니까 서로가 서로에게 힘이 되어 으쌰으쌰 힘내서 함께 지탱하면서 가라는 것처럼 말이다.

동료 언니가 나에게 물었다. "그렇게 살면 외롭지 않냐?"고 그렇게 말할 때까지는 평생 외로움과 고독 속에서 자유스럽지 못했다. 그리고 어쩌면 상사가 원하는 대로 하지 않은 당연한 대가라고 생각하면서 불편함은 나의 몫이라 생각했다. 그런데 아프고 난 최근 몇 년 동안 많은 생각을 하게 되었다. 지나온 내 삶이 부정당하는 것 같아서 외롭고 고독함보다 훨씬 강도 높은 두려움과 무서움을 느꼈다. 그리고 병들어 버린 몸으로 모든 일에 자신감이 없어지고 있었다. 그전에는 건강했기에 그러한 불편한 일들을 견딜 힘이 있었다. 그러나 지금은 언제 어느 순간에 내 몸이 마비가 올지 모르고 또 공황장애라도 올라치면 아무것도 할 수 없게 되자 점점 더 자신감이 사라질 수밖에 없었다.

나는 무섭고 두려웠다. 내 안에서 겁쟁이 꼬마가 나타

났다. 그 겁쟁이 꼬마로 최근 몇 년 동안 살았다. 죽음 직전까지 다녀오고 통증의 고통 속에서 잠들 때마다 내일 아침에는 제발 눈이 뜨이지 않기를 얼마나 바라고 살았는지 모른다. 그 고통의 시간이 지나면서 나에 대해 돌아보고 내 안의 나를 계속 찾으면서 나를 들여다보는 시간이 늘어났다. 내 안의 나를 보면 볼수록 희한하게도 다른 사람들을 바라보는 것이 편안해졌고 이해의 폭이 넓어지고 마음의 평화가 늘어났다. 겁쟁이 꼬마가 어른으로 점점 성장하고 있었다. 그동안 그토록 자유로운 영혼을 찾아 헤매었는데 이제는 그것을 어느 정도는 찾은 것 같다.

고통은 고통만으로 끝나지 않는다. 고통이 지난 후에는 그보다 더 값진 것을 얻을 수 있다. 나는 아프면서 그토록 종교를 갖고자 했으나 그러지 못했는데 결국 지금은 종교생활을 하고 있다. 산다는 것이 무엇인지 알 수 없었으나 보이기 시작했다.

나는 삶에서 자유롭고자 하였으나 매번 내 안의 틀 속에 갇혔었다. 내 삶과 더불어 평생토록 빠져나올 수 없었던 자신의 고독과 외로움 속에서 나는 자연스럽게 빠져나올 수 있었다. 이제는 이전보다 훨씬 더 자유로워졌고 삶에 대해 이해의 폭이 넓어졌다.

은인

나에게는 은인이 세 분 계신다. 이분들은 근래에 만남이 있었던 분들이다. 이 책을 통해 세 분께 감사의 마음을 다시 한번 전하고 싶다.

첫 번째 은인은 내가 예술단 징계업무를 추진하면서 만나게 된 노무사님이시고, 두 번째 은인은 내가 아파서 생사의 고비를 넘나들 때 치료해 주신 기치료 선생님이시다. 세 번째 은인은 내가 억울해서 청와대 청원을 했을 때 내 목소리를 그대로 내주신 MBC 기자님이시다.

노무사님과 나의 만남은 예술단원에 대한 징계업무를 추진할 때 인근 시의 직원으로부터 소개를 받아 시작되었다. 광주로 자문을 하러 갔는데 업무를 추진할 수 있도록 방향을 제시해 주셨다. 당시 상사들은 예술단 징계를 결정하는 순간부터는 나를 완전히 냉대하였고 나중에는 업무지시도 직접 하지 않았다.

다행히 실력이 탁월한 노무사님의 도움 덕분으로 일을 성공리에 끝마칠 수 있었다. 노무사님께서는 내가 얼마나 열심히 진심으로 일하는가를 보시고는 적극적으로 도와주셨다. "내가 얼마나 바쁜 사람인 줄 아세요? 그래도 박 주사님은 365일 나에게 밤낮 가리지 않고 아무 때나 전화해도 됩니다. 왜냐하면, 박 주사님이 개인적인 일이 아닌 공적인 일을 하기 때문입니다."라고 말씀해 주셨다.

또한, 노무사님께서는 공무원에 대해 이미지가 좋지 않았는데, 나를 보며 공무원을 다른 시각으로 보게 되었다고 하셨다. 다른 공무원들에게 행정절차를 알려주면 그것을 실행하지 못하는 사람들이 많았다고 한다. 나는 노무사님께서 알려주시면 그대로 실행에 옮기고 다음 절차는 어떻게 하는지를 단계적으로 실행하고 알려주시는 대로 차근차근해내었으니 그것도 말단 직원이 상사들에게 냉대를 받으며 정의를 실현하겠다고 꿋꿋이 해내는 나를 대견해 하시면서 위안과 응원을 해 주셨다.

얼마나 노무사님께서 나를 아껴주셨던지, 지휘자를 재

위축하지 않기 위한 방법을 찾기에 혈안이 되어 있었다. 어떤 날은 내가 노무사님께 매달리기도 했다. "노무사님, 애들에게 좋은 선생님을 꼭 만들어 주고 싶어요."라고 말씀드리면 노무사님께서는 "너무 애쓰지 마세요. 박 주사님은 최선을 다했습니다. 나는 박 주사님이 다치면서까지 일을 하는 것을 바라지 않습니다." 그러시면서 법정으로 가면 증거 자료이니 공문 한 줄을 보내더라도 노무사님께 꼭 확인을 거쳐서 보내라고 하셨다. 그리고 언제나 내가 보내드린 문구는 즉시 확인하시고 수정이 필요한 부분은 수정해서 보내주셨다. 나는 공정과 정의 실현을 위해서 일했고 그런 나를 노무사님은 지켜주고 계셨다.

징계를 추진하는 일은 너무 힘이 들었다. 혼자서 개척하면서 가는 일이 얼마나 힘이 들던지 노무사님께 전화해 30분 이상을 넋두리하기도 했다. 그래도 그분은 주저리주저리 매번 반복되는 하소연을 내가 전화를 끊자고 할 때까지 다 들어주셨다.

공무상 병가를 얻기 위해 서류를 노무사님께 부탁을 드렸는데 결과를 1년이 지난 후에 받을 수 있었다. 정말로 엄청 바쁘신 분이셨다. 그리고 전화를 해도 그분은 너무나 바쁘셨다. 노무사님의 말씀처럼, 내가 공적인 일을 했기 때문에 바쁘신 일정 중에도 나의 반복되는 푸념조차도 말단 공무원을 응원하기 위해 내가 전화를 끊기 전까지 들어주셨던 것이다. 그렇게 생면부지인 나를 전폭적으로 지지를 해주셨던 고마우신 분이시다.

두 번째 은인은 기치료 선생님이시다.

어느 해 3월부터 작정을 하고 아픈 것처럼 그동안 허리 통증은 없었는데 스트레스를 급격히 받으면서 허리에 통증이 심해졌다. 허리는 끊어질 듯이 아프고 좌골이 시려서 어떤 날은 20m도 걷지 못하고 쉬어가야 할 정도였다. 그때부터 본격적으로 병마와의 사투가 시작되었다.

그동안 주위 사람들로부터 '네가 무슨 걱정이 있냐'는 소리를 들을 정도로 웬만한 스트레스를 받아도 얼굴은 항상 웃고 있었다. 지금껏 웃는 인상이라는 소리를 듣고 살았다. 그런데 스트레스가 극심해지니 얼굴 근육이 경직되어 난생처음으로 무표정한 얼굴로 살아야 했다. 가슴엔 분노, 자책, 좌절, 슬픔, 비참함의 온갖 부정적 감정이 24시간 나를 괴롭히고 있었다. 이 부정적 감정들은 내가 시간적, 공간적으로 어디에 있더라도 늘 불안정하고 괴로운 마음을 갖게 했다. 그냥 삶을 놓고 싶었다.

스트레스 치료를 위해 신경정신과 병원에 다니고, 허리 치료를 위해 신경외과를 다녔다. 병은 호전되기는커녕 오히려 치료하면 할수록 병이 더 추가되었다. 어느 날 광주의 병원에 운전하고 다녀오던 중 고속도로에서 머리가 어질어질했다. 다행스럽게도 순천톨게이트가 얼마 남지 않는 거리였다. 옆에 지인이 타고 있어 운전을 못 하겠다는 말을 할 수가 없었다. 고속도로라 멈출 수도 없었다. 속으로는 미칠 지경이었다. 고속도로에서 옆으로 지나는 차와 부딪칠 것 같았다. 속도를 줄이고, 공포 속에서 운전을 겨우 하고 순천 톨게이트를 통과할 수 있었다. 순천톨게이트를 나오자마자 길가에 차를 주차하고 지인에게 운전을 맡겼다. 그것이 첫 번째 경험했던 운전 중에 나타난 공황장애 증상이었다.

이 일이 있었던 후 며칠 안 되어 다시 고속도로 운전을 하고 가는데 이번에도 머리가 어질어질했다. 그런데 하필이면 터널을 지나는 중이었는데 터널 안에서 벽에 부딪힐 것 같았다. 미칠 것 같았다. 겁이 나서 눈을 감고 그 자리에 멈춰버리고 싶었다.

이후부터 고속도로에서 운전은 하지 못한다. 지금도 고속도로, 일반 국도, 터널에서는 운전하지 못한다. 그러나 시내 운전은 어지럼 증상이 나오면 차를 멈출 수 있어서 컨디션 상태에 따라 시내 운전만 하고 있다. 당시 운전을 하지 못하는 것이 큰 스트레스였다.

나는 그때까지 삶의 에너지를 부모님으로부터 많은 부분을 얻고 있었는데 매주 가던 친정집은 운전을 못 하니 갈 수가 없었고 방전된 에너지를 채울 수가 없었다. 엎친 데 덮친 격으로 나는 더욱더 힘든 상황이 되었고 이래저래 악순환이 계속되면서 몸과 마음은 더욱 엉망이 되어가고 있었다.

건강상태는 계속 나빠졌고 스트레스가 쌓여만 가고 허리 통증은 통증대로 있어서 몸도 마음대로 하지 못했다. 설상가상으로 귀가 아리기 시작했고 귀아림이 심해지면서 소리에도 민감해지고 미쳐버릴 것 같았다. 오른쪽 얼굴과 머리 한쪽은 마비가 오기도 했고 그럴 때 더욱 정신을 차릴 수 없었다. 나는 저녁에 잠이 들 때면 다음 날 눈을 안 떴으면 좋겠다는 생각을 매일 하면서 계속되는 통증에서 벗어나고 싶었다.

몸 상태가 이러니 건강은 더욱 악화되었고 어느 날은 각 진료과가 다른 병원을 하루에 다섯 곳을 가기도 했다. 의사 선생님들은 먼저 처방된 곳의 약과 반복되지 않게 처방을 한다고 지어 준 약은 한 번에 복용해야 할 양이 한 주먹만큼 되었다. 약만 먹어도 배가 부를 정도로 의사의 처방이 있었다. '어떻게 한 사람의 복용하는 약이 한 주먹이나 된단 말인가?' 나는 더욱 절망스러웠고 악순환이 반복되는 나날이었다.

그러다 문득 몇 년 전 1년여의 기간 동안 기치료를 받았던 곳이 떠올랐다. 왜 그제야 생각났는지 그곳을 찾았을 때, 비로소 숨을 쉴 수 있었다. 답답하고 억울하고 분노에 찬 마음을 겨우 쏟아 낼 수 있었다. 그렇게 기치료 선생님 덕분으로 겨우 첫 번째 복직을 할 수 있었다. 그분은 내 몸과 마음의 상처를 조금씩 치유해 주셨다. 나는 분노의 감정을 버리고 싶은데 도저히 버려지지 않았다. 그래서 더욱 괴로웠다. 나는 미쳐가고 있는 것인가? 이러다가 정상적인 생활을 할 수 없는 것은 아닌가? 날마다 너무 두려웠다.

기치료 선생님은 성당을 다니고 계셨다. 그분의 인도로 나는 두 번째 휴직할 때 성당에 다니기 시작했고 교리공부를 시작했다. 교리공부를 하면서 성령의 은사를 참 많이 받았다. 그러면서 억누를 수 없었던 폭발적인 분노의 일차적 감정은 사라졌다. 분노의 감정이 어느 정도 사라지자 숨을 쉴 수 있었다.

기치료 선생님은 나를 살 수 있게 해주신 은인이시다. 이분 또한 생면부지인 나에게 정의와 공정을 실현하기 위해 공공의 일을 하다가 아팠다고 복직하기 전까지는 날마다 오라고 하셔서 매일같이 치료를 해주셨다. 나는 그분 덕분에 몸과 마음의 건강을 많이 회복할 수 있었다.

세 번째 은인은 MBC 기자님이시다. 나는 청와대 국민청원 게시판에 글을 올렸다. 순천시라는 거대조직과의 전쟁이었다. 그때 MBC 기자님께서 인터뷰 해주셨고 그간의 사정을 들으시며 안타까워하시더니 순천시와 나의 입장에 대해 사실관계만을 보도하겠다고 하셨다.

그때 MBC 기자님은 지역방송에 사실을 보도하셨고 또한 라디오에도 인터뷰할 수 있도록 도와주셨다. 청와대 청원 글에 대해 여러 가지 사실과 다른 보도를 하는 언론사가 많았다.

모 방송사는 기자가 먼저 전화해서 인터뷰하자고 하더니 급작스럽게 취소를 하였다. 나중에 지인을 통해 알아보니 모종의 사정이 있었다고 한다. 당시 어느 기자는 나도 알지 못하는 나와 내 가족의 공무원 인사기록 내역에 대해 보도하고 있었다. 해바라기 하는 공무원들이 얼마나 어리석은 존재들인지 알 수 있는 보도들이었다.

나와 내 가족의 공무원 인사기록 개인정보를 인사담당 공무원이 관련 자료를 주지 않는 한 그 기자가 어찌 알았겠는가? 아이러니하게도 그 기자는 내가 문화예술회관에서 알게 된 기자로 예술단 업무에 관심이 많았었다. 예술단 혁신을 위해 본인이 먼저 도와주겠다고 했으나, 나는 기자님의 도움이 필요하면 부탁하겠다고 했다. 조용히 할 수 있는 일을 굳이 시끄럽게 하면서까지 일하고 싶지는 않았다. 다른 공무원은 먼저 도와달라고 하던데 왜 나는 본인에게 도움을 청하지 않느냐는 것이었다. 내가 일을 추진하는 방향도, 내가 어떠한 공무원인지 그 기자는 잘 알고 있었다. 그리고 그 기자는 어느 날 관장실에서 나를 부르더니 느닷없이 관장님께 할 말이 있다면서 "박경화 씨 같이 열심히 일하는 사람은 빨리 승진시켜줘야 한다."라고 하는 것이었다. 그때 나는 갑작스러운 기자의 말에 좀 뻘쭘하다는 생각을 했었다. 내가 바라지 않아도 본인 발로 와서 본인 입으로 나 같은 공무원이 승진해야 한다고 하고, 왜 예술단 혁신을 하는데 기자인 본인에게 도움을 청하지 않느냐고 하던 사람이 이제는 나와 내 가족의 개인정보에 대해 악의적인 보도자료를 내었다.

나는 동조하고 있는 공무원들도 기자도 참 안쓰럽다는 생각을 했다. 개인정보를 알린 공무원들과 기자는 내가 그들의 부조리와 부당함에 대해 조치를 하면 본인들이 받아야 할 불이익이 무엇일지 알지 못하는 것인지? 아니면 알면서도 감수를 하겠다는 것이었는지….

어느 공무원이나 기자도 앞으로는 이런 악의적인 일로 누군가에게 상처를 주는 일을 다시는 하시지 말기를 부탁드린다. 26년 차 공무원이 사실이 아닌 일에 실명으로 청와대에 청원할 수 있겠는가? 공무원에 대해 기본적인 상식이 있는 사람이라면 내가 올린 내용 중 거짓이 있었다면 나는 징계의 대상이 될 것이 뻔한 일인데도 그러한 일을 할 수 있겠는가?

나는 정직하거나 청렴하다거나 그러한 사람은 아니다.

티끌이 너무 많은 사람이다. 그러나 내 업무에서만큼은 공정하고 정의롭게 공공의 선을 행하고자 한다. MBC 기자님 덕분에 나의 청와대 청원은 순천시라는 거대 권력과 순천시에 우호적인 언론들을 통해 거짓으로 덮어 버릴 수도 있었으나 그나마 진실과 거짓이 반반은 보도되었던 것 같다.

하늘은 스스로 돕는 자를 돕는다고 한다. 내가 고통 속에서 헤어나올 수 없을 때 하느님은 내게 천사들을 보내셨다.

화룡점정

어느해 7월부터 시립예술단 업무를 시작하고 다음해 3월, 예술단원에 대한 징계업무까지 끝마칠 수 있었다. 그 사이에 한 달 평균 초과근무시간은 84시간이 넘었고 내 아이들을 돌보지 못했다. 죽기 살기로 전력 질주를 했던 것 같다. 무엇이 미친 듯이 일하게 만들었는지 지금 생각해도 어떻게 그렇게 일할 수 있었는지 나조차도 신기하다.

그해 12월, 해외연수 기간 중 허리가 아팠는데 그 상태로 출근하였다. 직원들은 허리도 제대로 펴지 못하고 손으로 허리를 부여잡고 걷는 나를 보면서 할매가 되어 왔다고 놀렸다. 그러나 그때는 연말이어서 예술단의 공연이 계속 있었고 예술단원들이 그 공연을 잘할 수 있도록 지원을 해야 했기 때문에 쉴 수 없었다.

허리 통증이 얼마나 심하던지 책상에서 앉았다가 일어나면 바로 걷지를 못하고 3분 이상 허리를 바로 잡고 나서 걸어야 했다. 잘 걷지도 못하는데 쉴 수가 없었다. 아픈데, 지금 생각하면 어처구니없게도 병원에도 가지 못했다. 너무 아파서 병원에 가지 못했고, 병원에 가면 치료를 위해 반나절은 소요되기 때문에 일을 할 수가 없어서 가지 못했다. 오히려 옆 동료직원들이 이런 나를 걱정하였다. 빨리 병원에 가서 치료를 받아야지 왜 병원도 가지 않느냐고 말이다.

왜 병원도 못 가면서까지 일을 했을까? 첫째는 내가 일을 하지 않으면 일할 사람이 없었다. 옆에 있는 직원도 본인 업무를 하느라 바빴으니 내 일을 맡아서 대신해 줄 사람이 없었다. 두 번째는 연말연시에 시립예술단들의 공연 지원으로 예술단이 공연하는 데 불편함이 없도록 최선을 다해주고 싶었고, 시민들에게는 따뜻한 연말연시를 만들어 주고 싶었다. 그렇게까지 지나치게 책임감이 넘쳐났었는지 모르겠지만 당시는 그랬다. 아픈 허리를 부여잡고 하염없이 일만 했다.

그런데 희한하게도 보름 정도 아팠던 허리는 공연 일정이 어느 정도 끝나가고 병원에 갈 수 있는 시간을 낼 수 있을 때쯤 마치 감기처럼 다리 저림 증상만 남고 허리 통증이 사라졌다.

다음 해 3월, 인사발령과 동시에 병가를 내고 집으로 들어갔다. 인사발령을 받고 노무사님께 전화를 드렸고 더 이상 근무를 하는 것이 힘이 들겠다고 이러다가 죽을 수도 있을 것 같다고, 집에서 좀 쉬어야 할 것 같다고 말씀드렸다. 노무사님은 당신도 이전에 고초를 겪으셨다고 하셨다. 그때 지지해 주고 지켜주는 사람은 당신의 곁에 있던 가족도 지인도 아니었고 전혀 상관이 없는 타인이 나타나서 고통스러운 시간을 버틸 수 있게 도와주더라는 말씀을 해주시며 나의 상황에 대해 안타까워하셨다.

노무사님 말씀처럼 나도 분노와 고통 속에서 하루하루가 버티기 힘들었을 때 그때 나와 전혀 알지 못했던 노무사님께서 지지해 주셨고, 허리가 너무 아프고 정신적으로 무너졌을 때는 기치료 선생님을 만나 정신적 위안과 육체적 치료를 받을 수 있었다.

내가 정말로 고통 속에서 헤어나오지 못할 때는 가족과 지인들이 나를 직접적으로 일어서게 해주지는 않았다. 삶을 놓을 위기도 왔었다. 허리의 통증과 정신적인 분노로 정신을 차리지 못하는 상황이 매일매일 계속되었다.

아침에 일어나려면 내가 아직도 살아있구나, 그냥 이대

로 눈을 딱 감았으면 좋겠다 생각했다. 눈을 뜨면 다시 통증과 고통이 시작되었고 너무 고통스러워서 눈을 뜨고 싶지 않았다.

'고통의 시간을 버티기 위해서 나는 지금 죽어있는 시간을 보내고 있다. 이 시간만 지나면, 지금, 이 순간만 지나면 모든 일이 해결될 거고 이 순간도 잊혀질 것이다. 나는 지금 죽었다고 생각하자. 죽어있는 시간들, 그냥 하루하루 보내기만 하면 된다.' 그것이 내가 당시의 하루하루를 살아가는 방법이라고 생각했다. 이 순간이 지나면 괜찮아지리라 생각하면서 살았다. 통증이 심하고 스트레스가 심하니 제정신이 아니었다. 눈도 잘 보이지 않았고, 집중도 되지 않았고 정신이 멍한 상태로 살았다. 걸어 다니다가 자주 물건에 부딪혀 멍이 들고 다치고 했다. 어느 날은 갑자기 식탁 의자가 떨어져서 복숭아뼈를 때리기도 하고 차를 마신다고 펄펄 끓는 뜨거운 물이 발에 쏟아서 화상으로 두 달을 잘 걷지 못하는 상황이 되고 누워만 있으니 허리가 더욱 아프고 이래저래 말도 안 되는 정신을 차릴 수 없는 날들을 보내야만 했다. 나는 극단적인 상황일 때는 혼자 버티기에도 힘겨웠다. 부모님도 자식도 아무도 생각할 겨를이 없었다. 그저 숨을 쉬고 있는 것조차도 고통스러웠으니 말이다.

너무 고통스러울 때 나는 자신이 원망스러웠다. '뭐 한다고 그렇게까지 죽기 살기로 일을 했을까? 왜? 허리가 아파 걷지도 못하는데 미쳤다고 병원에도 가지 않았을까?' 별의별 생각에 생각이 꼬리를 물면서 나를 자책하는 악순환이 계속되었다.

'왜 그렇게 나를 버리면서까지 일을 했을까?' 많은 생각 끝에 얻은 '내가 죽기 살기로 일했던 것'에 대해 이렇게 다다랐다. 예술가는 예술작품에 자신의 혼을 불어 작품을 만든다고 한다. 예술가만 예술작품에 자신의 혼을 불어넣는 것이 아니라 나도 공무원이라는 이 업무에 나의 혼을 넣었다고 생각한다. 나는 예술단 업무를 혼신의 힘을 다해서 수행했다. 그러니 내가 넋이 나갈 수밖에 없었다. 예술단 지원 업무는 나의 공무원으로서 최고의 완성작품이었던 거다. 누가 시킨 일도 아닌 스스로가 공무원으로서 소명을 그렇게 지켜내고자 했다. 그렇게 생각하니 어느 정도는 그때의 나 자신의 행동에 대해 이해가 되었다. 그렇게 스스로 위안하면서 치유하고자 하였다.

두 번의 대성통곡

1992년부터 어린 나이에 공무원을 시작하였다. 당시 시골 민원실에서 민원을 상대하는 일을 하면서 법적 요건이 맞지 않는 민원인에게 민원서류를 발급해줄 수 없다는 말을 하면, 말도 안 되는 일로 꼬투리를 잡고 화를 내거나 욕을 하기도 하였다. 워낙에 어린 나이였고 여자였으니 얕잡아 보았던 것이다. 내가 아무리 설명해도 들으려고도 하지 않던 민원인은 옆자리의 나이가 드신 남자 직원이 나와 똑같은 답변을 하시면 그때야 '아! 그러냐'고 마치 남 직원으로부터 처음 답변을 들어서 이해한 것처럼 바로 수긍을 할 때는 참 허탈했다.

그것이 당시 현실이었으므로 거기에 적응해서 그러려니 하고 살아야 했다. 공무원을 하면서 초창기에 민원인에게 심한 욕을 듣고 두어 번 울었던 것 같다. 속이 상해서 점심도 먹지 않는 날들도 있었다. 그러다 생각해보니 내가 그

사람들에게 욕먹었다고 우는 것도 밥을 안 먹는 것도 내 입장에서 보면 손해라는 생각이 들었다. 그래서 밥도 더 잘 먹고 그런 일이 있을 때면 오히려 빨리 잊어버리려고 했다. 그런데 나는 20년이 훨씬 지난 후 문화예술회관에서는 한 번도 아니고 두 번이나 대성통곡을 했다.

첫 번째 대성통곡은 예술단원 징계업무를 추진하면서다. 너무 외롭고 힘들었다. 당연히 해야 할 일을 하는데도 단원들의 저항과 윗사람들의 반대와 냉대 속에서 일해야 했고 혼자서 전전긍긍하면서 일을 하는데 너무 서러웠다.

말단 직원이 중간 간부들을 뚫고서 최종결재권자에게 결재를 받는 것은 너무나 힘든 일이었다. 정말로 어이가 없고 우스운 일은 제일 힘 없는 말단 직원이 최종결재권자에게 누를 끼치는 일을 만들지 않기 위해 더욱 힘들게 일했다는 것이다. 그것이 20여 년이 넘은 공무원의 일하는 습성이었던 것이다.

어느 날 예술단 징계 일을 며칠 앞두고 밤늦게까지 일하고 집에 돌아오는 길에 승용차를 도로 갓길에 세워두고 차 안에서 서러움이 복받쳐 혼자서 대성통곡을 했다. 해야 할 일을 하는데 왜 이렇게까지 힘이 들고 냉대를 받으면서 일을 해야 하는지, 예술단은 징계는 해야 하고 윗분들의 냉대는 참아야 하고 이래저래 정말 서러웠다.

두 번째 대성통곡은 어느해 12월쯤, 이미 나는 지쳐서 진이 빠져 있었다. 몸이 지치고 스트레스가 지속적으로 쌓여 심신이 허약해져 있었다. 더군다나 그사이 팀장님이 세 분이 바뀌었고 아무리 노력해도 상사들이 비슷한 생각이 있는 한 나의 노력은 한계에 부딪혀야 한다는 생각, 상사가 바뀔 때마다 똑같은 일을 반복해야 하는가 하는 생각이 들었다.

그리고 내가 아무리 열심히 해 놓고 가더라도 후임자가 일의 지속성을 가지고 하지 않은 한 다시 원위치로 돌아갈 수밖에 없다는 생각이 들자 '내가 할 수 있는 일은 여기까지 인가보다' 하는 생각이 들었다.

대부분 공무원들의 사고는 비슷하다는 생각에 나는 일을 추진할 의욕이 상실되었다. 내가 합창단의 지휘자를 더 좋은 사람을 모셔오겠다고 하자 팀장님은 더 못한 사람이 오면 어떻게 할 거냐고 하였다. 나는 그럴 수도 있지만 그렇더라도 좋은 분이 오실 때까지 계속해서 시도는 해봐야 되지 않느냐는 의견을 내었다. 그렇지만 내가 결정권이 있는 사람은 아니니 내 이상을 실현하기에는 현실의 벽들이 너무 높았고 나는 지쳤다.

연말 가족 모임에 갔는데 당시 초등학교를 졸업한 둘째 아들은 엄마에게 하고 싶은 말이 있으면 해보라고 했더니 아들이 "우리 엄마가 집에 일찍 들어왔으면 좋겠어요." 하였다. 아이에게 정말 미안했다. 우리 아이에게 엄마가 필요했지만, 엄마는 다른 아이들에게 좋은 선생님과 보다 나은 교육환경을 만들겠다고 늦은 밤과 주말까지 나가서 일을 하느라 정작으로 내 아이들은 굶기고 신경도 써주지 못하고 있었으니 말이다.

둘째 아이가 사춘기가 왔고 호르몬 이상으로 자기 자신이 어떻게 해야 하는 줄 모르는 것 같았다. 그냥 답답하다고 밤에 밖으로 나갔다가 새벽에 집에 들어와서 자기도 하고 새벽 늦게 들어와서 잠을 자니 아침에 일어나서 학교 가기에 힘들어했다. 거기다 신경성 대장증후군이란 병을 얻어 실제로 배가 아프고 설사를 하는 바람에 학교에 가지 못하는 날도 생기게 되었다. 나도 예술단 업무로 이미 지쳐 있었고 아이도 사춘기가 와서 신경을 쓰니 어느 날은 내가 정신을 못 차리고 헛소리를 하고 있었다. 의식이 아주 없어지지는 않았는데 정신없이 알지도 못하는 소리를 입 밖으로 내고 있었다. 남편이 놀라서 나를 방에 눕혀 주면서 잠을 자라고 했다. 그렇게 한 시간 정도 정신없이 헛소리를 했었던 것 같다. 다음날 너무 무서웠다. 어젯밤에 헛소리를 하고 나니 이러다 미치는 건 아닌가 싶었다. 무섭고 기분이 너무 우울하고 걱정되었다.

어젯밤 일로 기분이 다운되어 출근했다. 애초 팀장님이 해외연수 대상자이어서 가시기로 했는데 중간에 인사발령을 받아 다른 부서로 가시는 바람에 내가 팀장님을 대신해서 해외연수를 가게 되었다. 새로 온 팀장님은 보고전을 만들어서 상사들께 보고를 하고 오라고 하셨다.

부시장님께 보고전을 들고 보고하러 갔는데 비꼬듯이 대뜸 "놀러 가는구먼" 하시면서 왜 새로 온 팀장님이 해외연수를 안 가고 내가 가느냐고 하였다.

발령받은 지 며칠 되지 않아 해외연수 대상이 되지 않아서 팀장님은 못 가고 내가 가게 되었다고 말씀드리자 "내일모레 인사발령이 나면 다른 데 갈 수도 있는데 뭐하러 해외연수를 가?" 하는 것이었다. "제가 다른 곳으로 가나요?" 여쭤봤더니 "갈 수도 있다는 거지." 하는 것이었다.

말단 직원의 해외연수 가는 것도 놀러 간다느니 왜 네가 가냐느니 평소에도 문화예술회관 행사에 오시거나 식사를 하실 때 나를 대하는 태도는 무시하거나 적대적이었다. 부시장님은 그날 유독 심하게 냉대와 비꼬는 말투로 내 가슴에 비수를 꽂았다. 그러잖아도 정신 줄을 놓아버린 어젯밤 일로 두려움과 걱정되는 마음에 서러움이 밀려왔다. 결재를 받고 돌아오는 길에 차를 길가에 세워두고 서러워서 대성통곡을 하고 사무실로 들어왔다.

내가 뭘 그리 잘못했는지 나는 알지 못하겠다. 상사의 부당한 명령에 따르지 않으면 받게 되는 형벌을 나는 그날도 여지없이 받아내고 있었다. 평소의 나 같았으면 부시장님에 대해 원망과 화만 내고 말았을 것을 하필이면 내가 우울하고 겁먹고 있을 때 내 가슴에 비수를 꽂아서 대성통곡을 하게 만들었다. 그날 대성통곡했던 일은 지금도 잊혀지지 않는다.

문화예술회관에서의 일은 내가 두 번이나 대성통곡을 할 만큼 힘든 일이었다. 공무원으로서 내 영혼까지 불어넣은 최고의 작품을 만드는 일이었으니 어쩌면 그 정도는 울어줘도 되는 일이었는지도 모른다.

3부 • 세상에 공짜 없다

씁쓸한 6급 승진

공무원 사회에서 '사무관'은 공무원의 꽃이라고들 한다. 그만큼 사무관이란 직급을 우대한다는 뜻이리라. 제사를 지낼 때 쓰는 지방에도 사무관부터는 관직을 넣는다. 귀신이 되어서도 사무관은 우대를 받는다는 뜻인 건지? 아니면 그만큼 형식적인지?

알 수 없으나 지방 공무원들에게 사무관은 40여 년을 직장생활을 하여도 되지 못하고 퇴직을 하시는 분들도 있으니 어쩌면 사무관이란 누군가에게는 즐겁고 누군가에게는 아픈 단어일 수 있겠다 싶다.

나는 승진을 하면서 그리 좋아했던 기억이 없다. 승진에 대해 큰 의미를 두지도 않았을 뿐만 아니라 나의 승진은 남들보다 빨리한 경험이 없어서일 것이다.

나의 6급 승진은 나에게는 있어서는 해야 할 일과 승진을 맞바꾸어야 하는 것으로 생각하면서 일했다. 내가 남들보다 빠른 승진을 생각했다면 소신을 지키지 못했을 것이며, 하고자 하는 일을 추진하지 못하였을 것이다. 그러므로 나의 6급 승진은 공무원으로서 소신과 책임감의 맞교환이었던 것 같다.

1992년 9급에 임용이 되어 동기들과 함께 4년 4개월 만에 8급으로 승진이 되었다. 7급도 동기, 후배들과 함께 7년 6개월 만에 승진했다. 7급 승진할 때는 기분이 그저 그랬다. 이미 동기 중에는 승진한 사람이 있었고 후배들과 함께 승진했기 때문이다.

그러나 얼마 지나지 않아 승진이 크게 의미가 없다는 것을 알았다. 순간순간의 기분이 좋고 나쁨이었다. 보성군에서 순천시로 오면서 7급에서 8급으로 강등이 되는 조건이었기 때문에 나는 순천으로 오면서 8급이 되었다. 그러니 보성에서 후배들과 함께 승진했다고 기분이 별로였던 승진이 순천으로 온 다음에는 무슨 의미가 있겠는가? 나의 상황이 언제 어느 때에 바뀔 줄도 모르는데 그리고 죽을 때까지 공무원을 할 것은 아니지 않은가?

퇴직하면 집으로 가야 하는 것이다. 강등된 8급은 1년 동안 승진이 되지 않는다는 조건이었는데 순천시로 온 지 10개월 만에 7급으로 다시 복귀하게 되었다. 당시 함께 전입 온 직원 중 7급은 강등을 하고 왔지만 8급은 강등을 하지 않고 8급 직급으로 그대로 왔는데 8급으로 전입 온 직원이 승진 근속연한이 다 되어서 7급으로 승진을 시켜야 했던 것이다. 그래서 강등되었던 전입 직원들도 그 직원 덕분에 함께 7급으로 승진하게 되었던 것이다.

선배 공무원들은 신규 직원들이 들어오면 공무원은 무조건 승진을 빨리해야 한다고 이야기한다. '어떻게 일할 것인가?'를 말하는 직원들은 거의 보지 못했다. 그만큼 승진은 공무원에게는 가장 큰 관심 사항인 것이다. 어떻게 일을 해서 승진을 할 것인가를 이야기하지도 않는다. 수단과 방법을 가리지 않고 승진을 해야 한다고 이야기한다.

순천시에서는 그동안 어느 정도 지켜지던 인사 원칙이 민선 어느 기부터는 원칙이 무너졌다. 6년 차가 15년 차 선배를 제치고 승진을 하게 된 것을 본 직원들은 너도나도 승진 최저 소요 연수만 되면 승진을 하겠다고 혈안이 되었다. 실제로 그렇게 나서는 사람들은 다들 승진이 빨랐다. 이전에도 몇 명 정도는 빠른 승진을 하기도 했으나 공무원 조직에서는 그 정도는 관행적으로 묵인하고 넘어가는 수준이었다.

그러나 한번 무너진 승진 인사는 해가 갈수록 매번 더욱 파격적인 승진 인사로 이어졌다. 승진 인사는 한번 발령을 내버리면 그만이다. 승진할 때 그 시점에서 혹 논란이 되더라도 이내 조용해지고 인사권자의 고유 권한이니 수긍할 수밖에는 없다.

그것을 직원들은 알기에 모든 인맥을 동원하여 승진하려고 갖은 애를 쓰게 되었다. 더 웃픈 일은 승진 시기가 되었거나 승진이 늦어졌더라도 승진하기 위해서 발 벗고 나서야 한다는 것이다. 빨리 승진하기 위해 발 벗고 나서는 사람은 그런다지만, 늦게 승진한 사람조차도 발 벗고 나서야만 겨우 승진이 된다는 것이다. 승진하고 난 후의 직원들은 이럴 거면 차라리 남들보다 빨리 나서서 할 걸 하는 후회를 한다는 것이다. 순천시의 인사는 이렇게 어이없는 인사들이 행해지고 있었다.

승진을 선배들보다 더 빨리하려면 근무 성과가 있어야 하나, 승진을 빨리한 직원 중 근무 성과가 뛰어난 직원은 거의 없어 보였다. 혈연, 학연, 지연, 빽이 동원되어야 하는 것이다.

오히려 일하지 않는 직원이 일을 열심히 하는 직원보다 더 빨리 승진을 하고 있었다. 그러니 직원들 사이에서는 일하는 사람이 '바보'라는 말이 돌 정도였고 일하고 싶지도 않다고 했다. '뭐하러 일을 하냐는 거다.' 베짱이처럼 놀다가 모든 것을 동원해서 승진하면 되는데 미련하게 개미처럼 일만 하다가 승진도 못 한다는 것이다. 승진하기 위해서는 상사의 근무성적 평가가 좋아야 하기 때문에 직원들 위에 권력을 남용하는 상사들이 많았다. 일부 상사들은 일하는 것을 봐서 근무성적을 준다고 하면서 직원들 길들이기를 하였으나 이렇게 말하는 상사 치고 근무 성과로 근무성적을 평가하는 상사는 거의 없다.

나는 근무성적에서 매번 하위 점수를 받았다. 근무 성과가 확연히 떨어지는 직원이 있어도 나는 그 직원보다 더 점수를 받지 못했다. 그럴 수밖에 없다고 그때는 생각했다. 상사에게 고분고분하지 않은 대가라고 나 자신조차도 당연하다고 생각했다. 그래서 아무런 항의조차 하지 않았다. 그러나 인제 와서 생각해보니 그것은 오만이었고, 잘못한 일이었고, 어리석은 일이었다. 부당한 지시에 맞섰던 것처럼 일한 만큼의 근무성적에 대해 나는 항의했어야 했다고 이제야 후회를 해본다.

내가 지금까지 치유가 되지 않는 이유를 곰곰이 생각해보면 한편으로 보상을 받지 못하고 권력에 의해 희생당했다는 피해의식이 늘 잠재해 있기 때문에 결국 상처가 치유되지 않고 있다는 생각이 든다. 이 책을 쓰는 이유도 그냥 내 마음대로 재잘거리고 싶은 것이다. 이렇게라도 해서 어떻게든 나를 치유 시키고 싶다.

몇 년 전 1월, 6급으로 승진을 했다. 9급 공채로 시작하여 27년 만에 6급이 되었다. 승진도 하고 싶을 때 해야 기쁘지 나의 승진은 떨떠름하고 씁쓸했다.

가만히 있어도 우울한데 나의 6급 승진을 보고 공무원 노조에서는 휴직하고 온 사람을 승진시켰다고 잘못된 인사라면서 성명서를 발표했다. 27년 차 공무원이 15여 년 차 후배들과 함께 승진하였는데 휴직을 하고 와서 바로 승진했다고 인사가 잘못되었다고 했다. 공무원들을 대표하는 공무원노조의 공식성명서였다. 공무원노조에 찾아가서 항의를 했다. 노조위원장과 간부는 나의 승진 인사가 잘못되었다고 생각해서 노조성명서를 발표했다고 그들에게 직접 들었다.

나는 공무상요양승인을 952일을 받은 사람이다. 나의 질병은 일하다가 생겼다는 것을 공무원연금관리공단에서 공식적으로 인정해 준 것이다. 공무를 수행하다가 아파서 치료하고 직장에 나오자마자 승진을 시켜주었다고 다른 곳도 아닌 노조원을 대표하는 공무원노조가 성명서를 발표한 것이다.

설사 일반 질병 휴직을 하였다 하더라도 휴직을 하고 왔다는 이유로 승진을 하지 못할 이유가 어디 있는가? 그럼 아프면 승진을 목전에 둔 사람은 기어코 승진한 후에 휴직해야 한단 말인가? 이런 미친 짓이 어디에 있는가? 6급 공무원 승진이 뭐라고 이렇게까지 정신이 없는 것인지 이해가 되지 않았다. 그동안 선배들을 제치고 까마득한 후배들이 승진해도 쥐죽은 듯 조용했던 공무원노조는 나의 이러한 씁쓸한 승진에 비수를 꽂으며 처량함을 더했다.

공무원의 승진이 뭐 간데 이렇게까지 할 수 있는 것인지? 자신의 건강보다 더 승진이 중요하다는 것인지? 나의 상식으로는 이해할 수 없는 일이다. 다들 승진에 지나치게 집착하고 있는 것은 아닌지?

이것이 공무원노조의 수준이니 그동안의 순천시 인사

가 엉망이 될 수밖에 없었던 것이다. 수많은 잘못된 인사를 하여도 입 틀어막고 있던 공무원노조가 유독 이번 나의 인사에 대해 성명서까지도 발표할 정도였으니 나는 그 날부로 공무원노조에 탈퇴서를 제출하였다. 그동안 노조로 인해 받아왔던 숱한 핍박과 고통의 세월이 정말 무색하기만 했다.

인사발령장을 받으러 가는 길에 총무과장님을 복도에서 만났다. 나를 보시자마자 대뜸 "이번에 승진 안시켜줄라다가 시켜줬어." 큰 선심을 썼다는 듯이 말씀하셨다.

본인은 이번 인사에 4급 승진을 한 사람이다. 27년 만에 승진하는 내게는 승진이 반갑지도 않고, 승진을 시켜달라고 부탁을 한 일도 없다. 그런데도 불구하고 내가 왜 이런 말들을 들어야 하는지, 나의 6급 승진은 내게는 치욕스럽기까지 했다. 차라리 7급인 채로 남아있는 것이 나 스스로 명예롭겠다고 생각했다.

인생 별 것 없더라

최근 직원 결혼식에 다녀왔다. 직원 외할아버지께서 결혼하는 손자에게 이야기하시는 말씀 중에 가슴에 와 닿는 말씀이 있었다.

90이 넘으신 어르신께서는 “내가 이 나이까지 살아보니, 인생 별 것 없습디다.”라고 하셨다. 그 말씀이 그렇게 공감이 되었다. 나는 이제 인생의 반환점도 온전히 돌지 않았지만, 인생 별것 없는 것 같다. 나 잘났다고 내가 너보다는 좀 더 낫다고, 좀 더 나아 보이려고 애쓰며 살 필요가 없다는 생각이 들었다. ‘뭣이 중헌디?’ 아프면서 그동안 보이는 것만 보고 살았던 것은 아닌가? 참 많은 생각을 하고 살았다. 예전에 보이지 않던 것들이 보이고, 보이는 것 그 너머에 있을 것에 대해 생각도 했다.

최근 퇴직하신 선배 공무원을 만났다. 5급, 4급으로 은퇴하고 마음에 맞는 퇴직자들끼리 몇 명 모여서 모임을 하는데 하나같이 시청을 나오니 승진도 아무 소용이 없더라는 것이다. 승진을 하기 전까지는 하려고 애를 썼으나 정작 하고보니 별 볼일이 없었다는 것이다. '영원할 것 같으나 찰나이다'라는 뜻이리라.

90 넘게 '살아보니 인생 별것 없더라', '승진해 보니 별 볼 일 없더라'. 나도 아프면서 고통 속에서 지내다 보니 아무것도 내게 남아 있지 않은 것을 보면서 참 덧없다는 생각을 많이 했다. 아픈 만큼 성숙해진다는 노랫말처럼 이 생각 저 생각을 하게 되었다.

'내가 잊어버리고 살았던 것은 무엇이었을까?', '나는 무엇을 놓쳐 버리고 여기까지 왔을까?', '나 자신 아무것도 아니다'라고 생각하니 편해졌다.

그동안은 '나는 너와는 달라.', '나는 특별하니까'라는 생각으로 살아왔었던 것 같다. 그동안 내 마음속에 가지고 살았던 '나의 차별'에 대해 반성하게 되었다.

내가 그동안 그렇게 찾아 헤매고 '무엇 때문에 살까?', '무엇을 위해서 사나?', '자유롭고 싶다.'라는 생각들을 참 많이 했었는데. 아픈 이후로 나는 자유로움에 가까이 다가가고 있다. 지금까지 내가 살아보니 '살아온 인생 별것 없더라.'

백여시 같은 년!

결혼하면서 참 좋았던 점이 나를 사랑하는 사람이 더 많이 생겼다는 거다. 시부모님은 선량하신 분들이시다. 처음 인사드린 날부터 너무 예뻐해 주셨다. 철없는 며느리가 속없는 짓을 해도 그냥 보아 넘겨주셨던 고마우신 분들이시다. 결혼하기 전부터 시어머니는 할머니 같았다. 환갑이 되기 전이었는데도 워낙 고생을 많이 하시고 성격이 급하셔서 고운 얼굴인데 주름이 많고 허리는 굽어 있어 빨리 늙어 버리신 것 같았다. 남들은 결혼할 때 혼수 문제로 결혼을 하니 마니 속상한 일이 생기고 다툼을 한다고 하는데 나는 혼수준비를 하면서 얼굴 한번 붉힐 일이 없었다. 오히려 내가 불필요한 물건들을 사지 않는다고 하고 양가 부모님들은 더 사주시겠다고 하셨다. 시댁으로 인해 남들은 속상하고 다툴 일이 많아 '시'자 들어가는 시금치조차도 먹기 싫다는 우스갯소리가 있지만 나는 시댁 일로 남편과 다퉜던 기억은 딱히 없다.

시부모님께서는 손자 둘을 농사를 지으시면서 길러 주셨다. 손자들을 돌보시면서 농사를 짓는 것은 너무 힘든 일이었음에도 불구하고 한 번도 힘들다고 하시거나 생색을 내시지 않으셨다. 남들이 손자들 키우느라 고생한다고 하시면 도리어 시어머니께서는 "이쁜 맛에 힘든 줄도 모르고 키우요." 하셨다. 고생하시면서 내색 한번 하지 않으시는 시부모님을 보면서 나도 내 아이들을 돌봐주신 세월만큼은 시부모님께 은혜를 갚고 싶다는 생각을 했다.

내가 직장에서 회식이 있을 때 시어머니께서는 아이들을 돌보시러 우리 집에 오셨는데 평소에는 아이들 돌보느라 시간을 내지 못하니 모처럼의 회식 때라도 편하게 놀다 오라고 말씀하셔서 회식 날은 편한 마음으로 놀 수 있었다. 큰아이 5살, 작은아이 4살 때 시댁에서 우리 집으로 아이들을 데려왔다.

둘째아들을 낳고 시댁에 1년 들어가서 시부모님과 함께 살았는데 직장에서 퇴근하면 시어머니는 어김없이 나를 따라서 쟁반에 먹을 것을 담아 방으로 들어오셨다. "점심만 먹고 퇴근 시간이 될 때까지 아무것도 먹지 못하고 얼마나 배가 고프냐"며 방에 들어서기가 바쁘게 간식부터 챙겨오셨다. 그리고 저녁밥도 시어머니께서 직접 챙겨주시고 종일 직장에 다녀오느라 아이들을 보지 못했으니 집에 있는 시간만이라도 아이들과 함께 있으라며 집안일은 시어머니께서 하셨다.

철없는 며느리는 시부모님께 제대로 된 밥상 한번 차려드린 적이 없었던 것 같다. 항상 시어머니와 함께 준비하거나 아니면 시어머니 혼자서 차려서 주시곤 하셨으니 나는 '밥상 받는 며느리'였던 것이다. 내가 설거지를 하고 있어도 그 옆에서 거들어 주셨고 내가 설거지를 혼자서 해도 설거지가 끝나야 시어머니도 함께 방으로 들어오셨다.

시아버님 또한 며느리가 예쁘시다며 그냥 말없이 며느리 하는 대로 지켜만 보셨고 언제나 '며느리의 든든한 지원자' 이셨다. 며느리가 필요하다는 것이 있으면 아프시다고 방에 누워 계시다가도 총알 같이 가셔서 필요한 것을 쏜살같이 해다 주시는 시아버님이시다. 나는 시부모님의 사랑을 듬뿍 받으며 살았다.

그런 시어머니께서 몇 해 전 추석 다음 날 뇌경색으로

쓰러지셨다. 뇌경색으로 쓰러지신 후로는 일상생활을 하실 수 없는 상태로 누군가의 도움이 필요했다. 당장에 밥을 하는 것도 되지 않았다. 요즈음은 요양 보호 제도가 잘 되어있어 요양 보호 선생님이 집안일과 시어머니를 보살피는 일을 도와주셨다.

시어머니께서 쓰러지신 지 3년 차, 해마다 몸 상태가 나빠지셨는데 겨울부터는 대소변을 본인이 직접 해결하실 수 없는 지경에 이르렀다. 그래서 시청 근처 ○○병원에 입원하셨는데 식사도 못 하셨다. 뇌경색, 치매, 흉추 골절로 움직이시지도 못하고 병상에 누워만 계시니 치매가 더욱 심해지셨다. 시어머니 병의 증상 중 하나가 음식을 씹지 않고 입안에 넣고만 계시는 것이었다. 음식물을 거부하고 씹지 않으시니 병원에서는 죽도 아닌 미음을 주었고 미음도 몇 숟가락 안 드셨다. 한 병실에서 5명의 치매 할머니들을 돌보시니 간병하는 분도 환자들을 한 분 한 분 세심하게 돌볼 수는 없는 노릇이었다. 이러다가는 영영 시어머니는 집에도 가시지 못할 것 같았다. 치매 증상 또한 날마다 심해지셔서 과거와 현실을 혼동하셨고 미음도 거의 드시지 못하시는 상황이 되어 요양병원으로 모셔야 할 것 같았다.

그런데 시어머니는 매일 "집에 가고 싶다."라고 하셨다. 자식들도 알아보시고 아직 인지가 가능하신 분을 요양병원으로 보내는 것이 마음 아파서 생각해낸 방법이 우리가 가서 식사를 떠먹여 드려야겠다고 생각했다. 그래서 병원에 이야기해서 미음을 죽으로 바꿔 달라고 하고 내가 점심시간에 가서 시어머니께 먹여드리고 왔다. 어르고 달래고 때로는 사정과 협박을 하면서 시어머니께 죽 한 그릇을 드리고 왔다. 저녁에는 남편이 시어머니께 죽을 드리러 갔다. 이렇게 3주 정도 하고 나니 시어머니 얼굴이 조금은 나아지시는 것 같기는 했다.

치매와 함께 시어머니의 흉추가 골절되어서 아예 움직이지를 못하시는데 병원에서는 입원 기간이 오래되었다고 퇴원을 하라고 했다. 요양병원으로 가셔야 하는 상황이 되었는데 요양병원을 가시게 되면 코로나 19로 보호자는 병원을 방문할 수가 없다고 했다. 이런 시국에 시어머니를 요양병원으로 모시게 되면 버림받았다는 충격을 받으실 것 같아서 도저히 요양병원으로 모실 수는 없을 것 같았다.

이번에 요양병원으로 가시면 그렇게 가시고 싶으셨던 당신 집으로는 영영 가실 수 없을 것 같았다. 그래서 마지막으로 집에 가시는 것을 시도해 보기로 하고, 애초에는 요양병원으로 가시기로 했는데 시어머니를 집으로 모시기로 병원 퇴원 마지막 날 다시 결정하였다.

시어머니를 요양병원으로 모셔야 한다는 생각에 나는 마음이 무거웠는데 요양병원이 아닌 집으로 가신다고 생각하니 너무 기뻤다. 다음날인 토요일에 퇴원하셔서 집으로 가실 수 있게 된 것이다. 금요일 아침부터 시어머니 거취문제로 입원병원과 가시기로 한 요양병원을 번갈아 가며 전화를 하고 입원병원 방문하고 최종적으로 집으로 모시기로 한 후에는 당장 월요일부터 요양 보호 제도를 이용해야 해서 건강보험관리공단에 신청하는 것부터 절차가 많았다. 그래도 어찌어찌 종일 정신없이 했더니 일 처리가 다행히 잘 되었다. 그런데 저녁에 시어머니께 죽을 드렸던 남편이 사무실에 급한 일이 생겼다며 나에게 대신 가줄 수 없냐고 물어보았다. 나는 흔쾌히 가겠다고 했다. 왜냐하면, 내일 집으로 갈 수 있다는 기쁜 소식을 직접 시어머니께 전달하고 기뻐하실 모습을 보고 싶었던 것이다.

나는 기분이 들떠서 기쁜 마음으로 병실로 갔는데 시어

머니의 저녁 식사는 이미 간병하시는 분이 드려서 식사를 드신 후였다. “어머니 내일 퇴원해서 집으로 가시게요.” 말씀드렸는데 시어머니는 기분이 별로 좋지가 않으셨다. 이상하게 기뻐하시기는커녕 오히려 기분 나빠하시면서 화를 내시기 시작하셨다. “느그가 나를 사람으로 생각이나 하냐.”라고 하시는 것이었다. 왜 그러시냐고 하니 “느그들 허는 짓이 그런다.” 하시면서 화를 내셨다. “너가 지금 하는 말이 나를 화나게 한다”, “어머니 도대체 제가 뭘 어쨌다고 그러시냐.”고 그랬더니 “너는 좋고 나는 소가지가 못 돼서 근다.”라시면서 화를 내셨다. 무슨 일로 화가 단단히 나셨는지 계속해서 화를 내시기 시작하셨다. 그래서 안 되겠다 싶어서 둘째아들에게 전화를 걸어드렸다.

당신이 예뻐하는 손자의 목소리를 들으시면 기분이 좀 좋아지시려나 싶어 영상통화를 해드렸는데 시어머니께서 나를 보시더니 “백여시 같은 년!” 하시는 거다. 갑자기 한 대 빵하고 맞은 기분이었다. 시어머니 기뻐하시는 얼굴을 기대하고 왔다가 생전에 나를 보시고 나쁜 말씀 하신 적이 없으셨는데, 갑자기 ‘백여시 같은 년!’이란 말을 들으니 어안이 벙벙해지면서 할 말을 잃었다. 정신이 없으시니, 하시는 말씀인 줄 알겠는데 너무 서운하고 어이가 없고 종일 종종거리고 이리 뛰고 저리 뛰어다니면서 일을 보았던 하루의 고단함이 시어머니의 말씀 한마디로 온몸에 힘이 쫙 빠지고 피곤함이 급격하게 온몸을 덮쳐 오며, 서운하고 기분이 울적해졌다.

꽤 오랜 시간 시어머니는 화를 내셨다. 지금까지 내가 잘못한 일이 있어도 시어머니께서 이렇게 화를 내신 일은 없으셨다. 그래서 더욱 충격적이었다. 갑자기 변해 버린 시어머니를 보는 것은 너무 힘이 겨웠다. 내일 오겠노라 말씀드리고 집으로 오는 길에도 서운한 마음은 가시지 않았다. 너무 충격을 받아서 동서에게 전화해서 한참을 이야기했다. 그래도 마음의 충격은 좀처럼 가시지 않았다. 계속해서 '백여시 같은 년!'이 나의 머리를 떠나지 않고 충격으로 며칠 동안 남았다.

그러나 어느 순간 시어머니의 '백여시 같은 년!'이란 일갈의 말씀은 나에게 큰 깨달음을 주시는 말씀이셨다는 것을 알게 되었다. '너가 그까짓 일 했다고 너가 했던 일에 대해 결과조차도 너가 바라는대로 되어야 하느냐.'는 뜻이셨던 것이다.

'너가 일을 했으면 그것으로 만족하면 되는 것이지 그

것에 대한 인정을 받고 싶으냐? 그것에 대해 보상을 받고 싶으냐? 너가 하고 싶어서 한 일이면 된다. 그것 자체로 된다.'라는 말씀을 내게 주셨던 것이다.

어느샌가 다시 살아나고 있는 내 안의 인정욕구, 보상욕구에 대해 시어머니께서는 일갈을 날리시면서 며느리를 다시 한번 일깨워 주셨다. 반복되는 실수를 범하지 말라는 뜻이셨다. 더 이상 어리석게 살지 말라는 시어머니의 가르침이셨다. 사랑하는 나의 시어머니는 아프셔도 며느리가 다시는 고통 속에서 헤매지 않기를 바라시면서 며느리에게 '백여시 같은 년'이란 말씀을 하셨다.

살아가면서 시어머니께서 하셨던 '백여시 같은 년!'은 나의 인정의 욕구와 보상의 욕구가 나타날 때 되새겨야 할 말씀이라고 생각한다.

세상에 공짜 없다

아버지께서 우리 형제에게 자주 하시던 말씀이셨다. '세상에 공짜는 없다.' 살면 살수록 공감이 되는 말이다.

시어머니께서 장남의 아들 둘을 키워주시면서 손자들을 시어머니의 아들처럼 생각하고 계신 것 같았다. 시어머니는 당신의 딸들과 아들들을 차별하셨다. 아들 바라기 시어머니는 심하게는 외손자와 친손자가 싸워도 친손자 편, 친손자와 외손자가 게임을 해도 친손자 편이시다. 취향이 확실하신 분이시다. 자식들에게 주시는 것 또한 제일 좋고 양도 많게는 장남인 우리에게 그다음 둘째 아들 그리고 딸 셋은 시어머니께서 정하신 양만큼만 주신다.

친정집에서는 아들과 딸 차별이 없었는데 그런 시어머니의 차별은 이해가 잘되지 않았다. 그렇게 아들만 좋아하고 손자만을 해바라기 하시던 시어머니였기에 할머니의 사랑을 듬뿍 받고 자란 손자들은 유독 할머니, 할아버지와의 관계가 좋았다.

그런 시어머니께서 뇌경색으로 쓰러지시고 병원에 입원하셔서 둘째 아들과 함께 병원으로 갔는데 시어머니의 몰골이 말이 아니었다. 정신도 없으셨고 꾀죄죄한 모습이었다. 그런데 요거트를 한 숟가락 입으로 넣으시고 입안에서 나온 수저에는 요거트가 반이 남아있었는데 그것을 손자에게 먹으라고 주시는 것이었다. 그런데 대뜸 둘째아들은 할머니 입속에서 방금 나온 숟가락에 남아있던 요거트를 망설임도 없이 받아먹는 것이었다. 평소 비위가 약하던 아들이 초췌한 할머니의 입안에 들어갔다 나온 요거트를 한 치의 망설임도 없이 먹는 아들의 모습은 나에게 충격으로 각인이 되었다.

시어머니는 병원에서 입원하고 계실 때 정신이 없으신 와중에도 집에 가시겠다고 하셨다. 정신도 없으시고 거동도 불편하신 분이 화장실에 가시려고 하고 병원에서 간병하시는 분은 밤에 잠도 주무셔야 하는데 시어머니께서 자주 일어나셔서 화장실을 가시다가 다치시기라도 하면 큰일이니 잠도 못 자고 화장실을 따라 다녀야 해서 얼마나 귀찮겠는가. 그래서 간병하시는 분이 시어머니께 기저귀에 볼일을 보라고 했는데 그동안 자유롭게 볼일을 보시던 분이 기저귀를 사용한다는 것은 용납이 안 되는 일로 시어머니는 기어이 화장실을 고집하셨고 간병하시는 분은 그것 때문에 시어머니를 뭐라고 하시고 시어머니의 스트레스가 이만저만이 아니었다.

그래서 생각한 것이 시어머니를 아침 출근하면서 병원으로 모시고 가고 퇴근하면서 우리 집으로 모시고 오면 우리 집에서는 그나마 시어머니께서도 화장실을 편하게 가실 수 있으니 서로가 편할 것 같았다. 남편이 시어머니를 한 달 정도 병원으로 출퇴근을 시켜드렸다. 그래도 시어머니는 정신도 없으셨고 거동도 자유롭지 못해서 누군가의 도움이 필요했다. 그래서 퇴원을 하시고 우리 집에서 몸이 어느 정도 회복되실 때까지 시아버님과 함께 계시기로 하셨다.

다행히 큰아이가 고3 수능시험이 끝나고 집에 있어서 아침 식사는 나와 남편, 시어머니, 시아버님이 함께하고 점심과 저녁은 큰아이가 식사를 챙겨 드렸다. 식사를 거부하시는 시어머니께 억지로 식사를 챙겨 드리니 식사시간이 한 시간씩은 걸렸다. 내가 몸이 아프니 아들들이 할머니의 간병을 많이 도왔다.

어려서 할머니, 할아버지와 함께 살아 애정이 각별했

고 할머니께서 아프시니, 나 몰라라 하지 않고 간병을 열심히 하였다. 할머니께서 잘 움직이지도 못하셨고 정신도 없는 상태였는데도 큰아이는 할머니를 미용실까지 모시고 가서 파마도 해드리고 겨우내 잘 보살펴 드렸다. 당시에 동서 가족이 해외에 있었기 때문에 시어머니께서 쓰러지신 후부터는 우리 가족이 전담해야 했는데 아이들이 할머니를 보살피는 것에 대해 불평 없이 잘했다.

나중에는 시어머니 건강 상태가 더 나빠져서 움직이시질 못하시고 치매도 심해지셨다. 아들들은 이제는 그런 할머니의 똥기저귀도 직접 갈아드리고 똥을 싸시면 목욕도 직접 시켜드렸다. 할머니를 돌보는 아들들을 보면서 '세상에 공짜 없다'라는 생각을 참 많이 하게 된다. 시어머니께서 그렇게 힘들게 농사지으시면서 온갖 사랑과 정성을 들여 키우시더니 이제는 손자들이 할머니 똥기저귀를 갈아드리면서 아기 돌보듯 할머니를 보살피고 있다. '뿌린 대로 거두리라'란 말이 생각나면서 '세상에 공짜 없다'라는 말을 시어머니의 병간호를 하면서 나는 자주 생각하게 되었다.

시어머니는 2021년 2월 마지막 날 가족들에게 사랑을 듬뿍 남긴 채 세상을 떠나셨다.

나이 들면 귀엽다

어렸을 때 우리 집 밥상에는 우리 가족 외에 하루 중 한 끼는 가족 이외의 누군가와 함께 밥을 먹어야 했다. 자자일촌이었던 마을에서 주로 할머니들이 끼니마다 집으로 오셔서 우리 가족과 함께 식사하셨다. 우리 할아버지는 아버지 5살 때, 우리 할머니는 내가 태어나기 한 달 전에 돌아가셨다. 그래서 할머니, 할아버지와 친분을 쌓을 수 없었던 나는 왜 우리 집은 밥을 먹을 때마다 할머니들과 함께 먹어야 하는지 불만이었다.

어렸을 때 때로는 엄마가 이해되지 않았다. 엄마는 유독 어르신들을 잘 섬기셨고 봉양을 잘하셨다. 그건 지금도 마찬가지이다. 어린 나에게는 할머니들과 식사는 그리 유쾌한 일은 아니었다. 할머니들은 식사를 하시면서 음식물을 입에 넣고 말씀을 많이 하셔서 침을 튀기기도 하시고, 음식을 자주 흘리기도 하시고, 반찬을 젓가락으로 한

번에 가져가지 못해 뒤적거리셨기 때문에 어린 시절의 나에게 할머니들과의 식사는 달갑지 않은 일이었다. 그런데도 매번 할머니들은 식사 전에 우리 집에 오셨고 어김없이 할머니들과 함께 식사를 하여야 했다.

그동안 나에게서 늙음이란 힘 없음, 초라한 것, 서글픔이라는 생각을 했던 것 같다. 나이 들어 있는 시간은 크게 의미가 없는 시간이라 생각했다. 최근까지도 나의 이러한 오만한 생각은 계속되었다. 이제는 노인이 되신 병든 시어머니와 엄마가 아프시면서 생각이 바뀌었다. 나는 시어머니와 엄마가 아프시고 내게 의지하실 때 참 귀엽다는 생각을 자주 했다. 시어머니가 아프셔서 우리 집에 잠깐 계실 때 "아침식사 하세요." 하면 시아버님이 시어머니 손을 잡고 식탁에 두 분 나란히 앉으셔서 식사를 하시면 그 모습이 그렇게 귀여울 수가 없었다. 엄마가 아프셔서 계실 때도 '우리 엄마 참 귀엽네'하는 생각이 자주 들었다. 웃는 모습도 귀엽고, 걸어 다니시는 것도 귀엽고, 아이들만 귀여운 것이 아닌 것 같다. 늙으면 애가 된다고 하는데 부모님들에게서 귀여움을 발견하게 되었다.

노년의 삶은 의미가 없을 거라는 내 생각은 이제는 변

해간다. 아이가 성장하고 커 가는 인생의 과정을 겪듯이 노인의 삶도 인생의 마무리를 향해 가는 인생의 자연스러운 과정이라는 생각으로 바뀌면서 노년의 삶 또한 아이의 삶과 다르지 않다는 생각을 했다. 아이에게 뭔가를 바라면서 돌보지 않듯이 노인들도 돌보면 되는 것이다. 그분들이 이 세상과 잘 작별할 수 있도록 도와 드려야 한다는 생각이 들었다. 그동안 노년의 삶에 대해 가벼이 대했음에 대해 반성해 본다.

중간만 해라

엄마는 나에게 잘하지도 말고 못 하지도 말고 중간만 하라고 하셨다. 한때는 내가 이렇게 되어 있는 것이 엄마가 중간만 하라고 해서인가 싶기도 해서 살짝 원망의 마음도 들었다. 왜 엄마는 나에게 중간만 하라고 했을까? 잘해야 한다고 나에게 이야기하셨다면 더 잘 되었을 수도 있을 텐데 하는 생각 말이다.

엄마와 나는 한 번도 다툰 적이 없다. 엄마랑은 싸움이 안 된다. 내가 이렇게 해야 된다느니 어쩐다느니 뭐라고 쫑알대면 엄마는 "알았어"란 수긍의 한 단어로 다툼의 진도를 나가지 못하게 막아 버리신다. 귀찮게 굴어도 화도 내시지 않는다. 이러니 다툼을 할 수가 없다. 중간만 하라시던 엄마는 대신 배우는 것에 대해서는 무엇이든지 다 배워야 한다고 하셨다. 엄마는 여자라고 해서 외할아버지께서 가르치시지 않은 것에 대한 원망을 하셨다. 그래서 엄마는 자식에게는 뭐든 열심히 배워야 한다고 말씀하셨다.

나는 엄마가 이해가 안 될 때가 가끔 있었다. 엄마는 아버지의 많은 타박에도 불구하고 아버지를 너무 위하신다는 것이다. 엄마는 어렸을 때 귀하게 자랐다고 하셨다. 그런데 결혼을 하면서 고생길이 열린 것이다. 친정에서는 고생도 안 하고 편하게 예쁜 딸로 살다가 결혼을 한 후에는 자신의 노동력이 아니면 자식들과 먹고살기가 어려웠던 것이다.

엄마는 길쌈을 하셨는데 그 솜씨가 으뜸이었다. 엄마의 길쌈은 눈속임이 없었고, 정직하였다. 다른 사람보다 가격도 더 받았고 엄마의 삼베를 구입하기 위해서 장사꾼들이 경쟁을 하였다. 우리 집 주 수입원이 길쌈이었고, 엄마의 으뜸 길쌈 솜씨로 우리는 학교에 다닐 수 있었다.

엄마는 긍정 대마왕이다. 무슨 일이든 '그만해서 다행이다.' 부정도 긍정적으로 해석하신다. 나도 그런 점에서는 엄마의 영향을 많이 받은 것 같다. 아버지가 형제애를 나눌 수 있으신 것도 엄마의 내조 덕분이다. 엄마는 존경스러울 만큼 조카들과 시댁에 바다와 같은 넓은 아량을 베푸셨다. 어렸을 때는 그것이 당연한 일인 줄 알았다. 살아보니 엄마가 얼마나 희생과 사랑으로 아버지의 형제와 조카들을 대했는지를 알게 되었다.

중간만 해라는 엄마의 영향을 받아서인지 나도 아이들에게 특별히 잘해야 한다는 이야기를 하지 않았던 것 같다. 나는 공부에 대해서도 쿨한 편이다. 공부 잘한다고 인생 잘 사는 것도 아니고 '인생을 잘 사는 것이 무엇인지?', '행복하게 사는 것이 무엇인지?'를 빨리 깨닫게 되는 것이 중요한 것 같다. '자신이 좋아하고, 해보고 싶은 일을 즐기면서 하고 사는 것이 행복한 삶이지 않을까?' 싶다. 공부 잘하면 좋겠지만 못해도 이 세상 살아가는 데 아무 문제가 없다고 생각한다.

큰아들이 대학에 들어가서 엄마가 나를 이렇게 자유롭게 키워준 것에 대해서 엄마의 양육방식에 자신은 만족한다고 한다. 다만 아쉬운 점은 절제가 잘 안 된다고 한다. 아들은 자신이 아이들을 낳으면 엄마처럼 자유롭게 기르고 절제할 수 있는 것만 더 해서 가르쳐야겠다고 나에게 말한다. 그렇게 말하는 아들이 고마웠다. 그리고 절제력을 더 길러 주지 못해서 미안했다.

큰아들은 대학이 본인에게는 필요 없다고 하면서 군대 제대 후 바로 대학에 자퇴서를 제출하더니 공무원이 되었다.

둘째 아들은 고등학교 2학년 때 "엄마 지나고 나면 엄마가 하는 말이 다 맞는 것 같아" 이렇게 말하는 것이었다. 아이가 그렇게 생각해서인지 내가 제안하는 것에 대해서 잘 수용을 하는 편이다. 그리고 둘째 아이는 엄마가 좋아하는 일은 무슨 일이든 본인이 할 수 있는 일이면 해주고 싶은가 보다. 아이는 자신이 하기 싫은 일도 엄마가 좋아하는 것 같아서 한다는 말을 가끔 다른 사람을 통해서 듣게 된다.

지나고 나니 우리 엄마의 중간만 해라는 교육방식은 나에게 맞춤형 교육방식이었던 것 같다. 나의 능력은 중간을 하기에도 벅찬데 무조건 잘하라고 하셨으면 그것을 해내려고 달성하지도 못하면서 얼마나 스트레스만 많이 받았겠는가? 나는 학교 다닐 때 공부를 잘하는 편은 아니었다. 일할 때도 능력이 많이 부족하다는 것을 느끼고 있다. 그러나 엄마가 내게 뭐든 배워야 한다고 가르치신 것처럼 일을 맡으면 관심을 두고 열심히 하는 것 같다. 나도 어느새 엄마가 말씀하시던 배우는 것은 뭐든 배우라는 말을 아이들에게 하고 있었다.

최근까지 나는 엄마의 모습만 봐도 가슴이 찡하면서 눈물이 나려고 했다. 엄마는 양무릎 수술을 하고 허리도 아프고 뇌수술까지 하셨다. "나 하나만 참으면 온 식구가 편안한데"란 말씀으로 평생 희생만 하시고 자신의 것을 챙기지 않는 엄마는 나에게는 가슴을 아리게 하는 존재였다.

그런 엄마를 볼 때면 엄마에게 함부로 하시는 아버지에 대한 원망이 생겼으니 말이다. 그러나 다섯 살 아버지와 만나고, 나에게 엄마는 가슴 아린, 존재에서 귀엽고 사랑스러운 대상으로 바뀌어 있었다. 이제는 일어날 때조차 힘들어하시는 모습을 있는 그대로 볼 수 있게 되었다. 엄마가 내 곁에 계시는 것만으로도 나는 충분히 행복하다는 생각이 든다.

엄마의 소박함과 감사함은 엄마가 중간만 하라는 말씀 속에 본인의 생활철학도 있었다. 엄마는 "내가 어쩌다가 너희들을 낳아서 이렇게 호강을 받고 산다.", "우리 자식들은 효자여"라는 말씀으로 자식들의 존재감을 높여주신다. 자식들이 별일 하지 않아도 감사해하시는 엄마는 이렇게 소박하고 감사함을 아시는 것으로 나에게 삶을 알려주신다.

나의 도피처 대학원

어느 해 5월 휴직 후 복직을 하였는데 나의 몸 상태는 일상생활을 할 수 없을 정도였다. 허리가 아파서 오래 앉아 있기도 힘들고 하루 중 공황장애가 여러번 심하게 일어났다. 그래서 일하는 중간중간 쉴 수밖에 없었다.

이렇게 힘들어하던 나를 보며 함께 일하던 언니가 순천대학교 평생교육원에 심리상담사 2급 과정 강의를 들으면 도움이 될 것 같다고 했다. 그 말을 듣고 뭐라도 해봐야겠다는 생각에 순천대학교 평생교육원에 등록하고 매주 월요일 7시부터 10시까지 6개월간 강의를 듣게 되었다. 강의를 들으면서 재미있다는 생각이 들었다. 정신과에 가서 상담을 받을 때 참 답답했었다. 내가 지금 아파서 의사 선생님의 말씀을 잘 못 알아듣는 것인가? 의사 선생님과 상담을 하고 오면 더 답답했다. 나라면 저렇게 말하지 않을 것 같은데, 전문가라서 이렇게 나를 대하는 것인가? 정신과를 다녀오면 오히려 그날은 거의 탈진이 되었고 그 후유증은 일주일 이상은 지속되었다.

강의를 들으면서 병원에서 상담할 때의 답답했던 마음이 생각나서 직접 공부를 해서 나처럼 힘들어하는 사람의 마음에 위안을 주고 싶었다. 순천대학교 대학원에서 공부하고 심리학과 교수가 된 친구가 있어서 그 친구에게 연락했더니 교육학과로 가면 된다고 했다.

그때가 청와대 국민청원에 글을 올린 즈음이었으므로 나를 괴롭히던 정신적 상황에서 나는 대학원의 강의를 듣는 그 순간만은 괴로운 상황에서 벗어날 수 있었다. 당시 어느 곳에서도 편히 숨 쉬는 것조차도 힘들었지만, 대학원은 나를 숨을 쉬게 하는 장소였고 대학캠퍼스에서 오가는 대학생들로부터 생기를 받으며 나를 치유하고 있었다. 무슨 정신으로 어떻게 공부했는지 지금 생각해도 신기할 뿐이다. 그렇게 대학원은 힘든 시기를 견디게 해 주었다. 대학원을 수료하고 지금은 논문까지 준비하고 있으니 참 알 수 없는 일이다.

기증

나는 비단결처럼 반짝반짝 빛나는 머리카락을 지니고 있다. 살아오면서 파마를 2번 했는데 20대에 한 번, 30대에 한 번 했다. 20대에는 호기심으로 한 번 해봤지만 금방 싫증이 나서 한 달 만에 생머리로 풀어버렸다. 30대에 파마와 헤나를 했는데 부작용이 너무 심해서 한 달 동안 머리에서 진물이 줄줄 흐르고 머릿속 피부가 진물이 굳어지고 아파서 혼이 났었다. 그 후로 머리카락을 자연스러운 상태로 하고 다녔다.

빛나던 나의 머리카락도 아프고 스트레스를 많이 받으면서부터 흰머리가 제법 나기 시작했다. 그래서 염색은 지난날 부작용으로 고생했던 기억에 못하고 코팅을 한 달에 한 번씩 하게 되었다.

어렸을 때 내 머리를 아버지께서 가끔 묶어주셨는데 유

독 아버지께서는 나의 머리 모양에 대해 관심이 많으셨다. 딸이 둘인데도 언니의 머리 모양은 짧든 길든 어떻게 해도 말씀이 없으셨는데, 내가 머리카락을 짧게 자르기라도 하면 "너는 얼굴이 폰(팥)잎 만 해서 하나로 묶어야 예쁘다."라고 하셨다. 아마 언니는 머리 모양을 어떻게 해도 예뻤는데 아버지께서 보시기에 나는 머리 모양이 바뀌면 얼굴의 생김이 많이 달라 보였던 모양이다. 아버지의 관심 덕분으로 짧은 머리를 할 수 없었고 지금껏 내 머리카락은 주로 긴 생머리였다.

어느 해 여름쯤 지인으로부터 머리카락을 25㎝ 기증하면 백혈병 소아암 환자에게 가발을 만들어 줄 수 있다는 이야기를 듣게 되었다. 그 말을 듣는 순간 '에고, 어찌 이제야 알았을까? 평생토록 거의 머리카락을 생머리로만 기르고 살았는데 이제 알게 되었다니.' 하는 아쉬움이 있었다. 거기다가 내 머릿결이 보통 머릿결인가? 머리카락 모델을 해도 될 정도로 결이 좋은 머리카락이 아닌가? 미용실에 가면 원장님들이 머리카락을 만지시면서 기분 좋아하시며 부러워한다. 어떤 원장님은 자신이 지금까지 만진 머리카락 중 제일 좋은 머리카락을 지니고 있다고 말씀하신 분도 있다. 미용실에서의 나의 머리카락은 원장님들 칭송의 대상이었다.

나의 비단결 머리카락을 비록 흰머리가 나고 있지만, 흰머리가 더 나기 전에 한번은 기증할 수 있겠다 싶었다. 흰머리가 있어서 안 받아주려나 하는 마음에 기증기관에 전화로 물어보니 흰머리가 있어도 상관없다고 하였다. 염색이나 코팅 파마 같은 화학 약품이 들어간 머리는 안되지만, 흰머리가 있는 것은 기증이 가능하다는 것이다. 그날부터 머리카락을 길러서 기존에 흰머리 때문에 코팅했던 부분을 다 잘라내고 25cm 길이가 되도록 머리카락을 길렀다. 그런데 아쉽게도 흰머리가 갈수록 늘어나고 있었다.

머리카락 코팅을 하지 않자 그동안 코팅으로 가려졌던 흰머리가 나오기 시작하였다. 만나는 사람들은 모두가 나를 보자마자 다들 한결같이 흰머리 이야기부터 했다. "어, 흰머리가 엄청 많이 났네", "너도 이제 나이가 많이 들었나 보다.", "피부는 탱탱한 것 같은데 흰머리는 많이 났네", "못 쓰것다 보기 싫다. 염색해야지." 흰머리와 검은머리 섞인 모습은 예뻐 보이지 않는가 보다. 심지어는 "남편 체면이 있는데 이렇게 다니면 되냐"고 하는 사람도 있었다. 머리카락에 아무것도 하지 않는 것은 다른 사람들 보기에는 왜 저러고 다니나 하는 심란한 마음이 들게 하였던 것 같다.

흰머리와 검은 머리가 섞인 모습을 보고 심란해하는 사람들의 반응을 보고 그동안 공무원으로서 해야 할 일이라고 나름으로 소명의식을 가지고 추진했던 나의 일하는 방식이 다른 직원들 눈에는 왜 저리 유별나게 일을 하나 하는 생각을 할 수도 있겠다는 생각을 했다. 그것은 어쩌면 별볼 일 없는 일일 수도 있을 것이다. 흰머리가 삐쭉삐쭉 튀어나오는 머리카락은 모습을 초라하게 보이게 한다. 머리카락 기증은 코팅을 하지 않고 흰머리가 쭈뼛거려 외모가 초라함을 버티어야 하는 일이었으나 다른 사람들에게는 그렇게까지 해야 하나 하는 생각을 할 수도 있겠다 싶었다.

다른 사람의 시선을 견딘다는 것은 예전의 나에게는 힘든 일이었다. 그러나 이제는 그들의 말에서 자유로워짐을 느낀다. 그들의 시선에 따라 흔들리지 않는다는 거다. 남들이 머리카락에 관해 이야기하면 아무렇지도 않았다. 그저 웃고 지나갔다. 왜냐하면, 나의 머리카락은 목표가 있기 때문이다. 일할 때도 그랬다. 남들이 뭐라고 해도 나는 목표가 있었다. 힘들어도 그것을 해냈을 때 얼마나 달라져 있을지 기대하는 것, 그것이 내가 힘들게 일하는 이유였다.

어렸을 때 헌혈을 자주 하는 사촌오빠가 있었다. 많이 좋아하던 오빠였고, 오빠가 하는 행동들은 어린 내 눈에 다 멋있어 보였다. 그런 오빠는 자주 헌혈을 한다고 했다. 자신이 이 사회에 봉사할 수 있는 일은 헌혈을 하는 일인 것 같아서 매번 헌혈한다고 하였다. 나는 지금껏 헌혈한 적이 없다. 하고도 싶었지만, 주삿바늘이 무섭고 빈혈이 생길까 봐 겁쟁이처럼 하지 않았다. 그런데 살면서 때때로 어렸을 때 오빠가 생각이 났고 내게는 건장한 아들이 둘이 있다. 겁쟁이 엄마는 못 했지만, 아이들에게 헌혈하라고 한다. 다행히 둘째 아들은 헌혈할 수 있는 나이가 되면서부터 꾸준하게 헌혈을 하고 있고 첫째 아들 또한 간간이 헌혈하고 있다. 아이들에게 엄마가 헌혈을 한 번도 못 했으니 너희들은 할 수 있는 한 헌혈을 계속했으면 좋겠다는 엄마 이야기를 고맙게도 아들들은 잘 따라주고 있다.

그렇게 만나는 사람마다 머리카락 이야기부터 하더니 2년이 지난 후에는 드물기는 하지만 긴 흰머리가 섞인 머리카락이 브릿지를 한 것 같다며 염색하지 말라고 너무 예쁘다고 하시는 분들이 아주 드물게는 있었다.

나와 일하는 젊은 여직원도 요즘은 이렇게 내 머리처럼 염색한다며 미용실에서 한 머리 같다는 말도 한다. 누가 알아주라고 하는 일은 아니지만, 가끔 이러한 내 진정성에 대해 알아주는 누군가 있다고 생각하면 행복하다. 문화예술회관에서 일할 때 예술단원 중 나의 진정성을 알아봐 주고 응원해 주는 분이 있다. 세월호 주기가 되면 꽃으로 나의 노고를 위해주고 계속해서 내가 빛날 수 있게 해주는 고마운 분이다.

코팅되어 있던 머리카락을 잘라내면서 3년 정도 머리카락을 길렀다. 긴 머리카락을 감고 말리고 하는 것은 많이 불편했다. 2021년 4월 나는 그렇게 기다리던 머리카락을 기증할 수 있었다. 머리카락이 커트가 되는 날 오랜 숙제를 끝내는 느낌이었다. 짧은 커트는 너무 편했다. 흰머리가 나 있는 이 초라한 시간을 견디고 나자 머리카락을 기증한 후에 신기하게도 보이는 것이 더 선명해지고 정신이 차려 졌다. 감사하게도 나의 몸이 조금 더 치유되고 있었다.

어떻게 그렇게 당당하냐

어느 해 순천시 ○○농산물의 단체표장 등록업무를 보았었다. 이 업무는 ○○단체에서 순천시 보조금을 받아 업체를 선정하여 특허청에 신청하는 일을 대행하였다.

내가 업무를 인계받았을 때는 특허청에 심사를 청구하고 등록 여부만 기다리고 있었다. 그래서 업무 추진하는 과정도 잘 몰랐다. 그런 나에게 ○○단체 직원은 본인이 잘 가르쳐 주시겠다고 하셨다. 그리고 ○○단체 직원에게 특허청에 등록이 되고 나면 별도로 행정적으로 해야 되는 일이 있는지, 예산이 추가로 들어가야 하는 일이 있는지 물었지만. 더 이상 해야 할 일도 예산도 들어가지 않는다고 했다. 그 이후로도 몇 차례 예산이 필요하냐고 물었지만, 필요 없다는 말만 들었다.

그런데 어느 날 등록을 추진하던 업체에서 전화가 왔다. 특허청에 등록되었으니 성공사례비 2백만 원을 주어야 한다고 하는 것이었다. 내가 알기로는 주어야 할 돈이 없는 것으로 아는데 무슨 소리냐고 하면서 일단 전화를 끊었다. 그리고 ○○단체에 전화를 했다. "내가 몇 번이나 확인했을 때, 예산이 필요 없다고 하셨는데 업체에서 성공사례비를 달라고 하니 무슨 말인가요?"라고 물었더니 나의 물음에 ○○단체 직원은 얼버무리더니 대뜸 그 업체 대표가 시장님과 친구 사이라고 했다.

그래서 내가 "시장님 친구면 친구지 그게 무슨 상관이냐고" 되물었다. 그랬더니 ○○단체 직원이 "업체 대표가 직접 시장님께 가서 말씀드린다고 했다."라고 했다. 시장님과 친분이 있으니 시장님을 만나기 전에 알아서 성공사례비를 지급해 달라는 뜻으로 들렸으나 우리 시에서는 성공사례비를 줄 수 없다고 했다. ○○단체 직원은 내가 그렇게 물어볼 때는 추가로 소요되는 예산이 없다며 자신 있게 몇 번을 이야기하더니 정작 업체에서 성공사례비를 달라고 하자 보조사업자인 ○○단체는 쏙 빠지고 업체에서 직접 전화해서 수수료를 달라고 하게 만들었다. 그것도 시장님과의 친분을 무기 삼아서 나를 압박하고 있었다.

내가 전임자에게 특허청에 등록되면 성공사례비를 주

기로 했냐고 물었더니 그런 일은 없다고 했다. 과장님께서도 그 전부터 업무를 하셨기 때문에 여쭤봤더니 성공사례비를 주기로 한 일은 기억에 없다고 하셨다. 그래서 나, 팀장님, 과장님은 그 업체에 성공사례비를 주지 않기로 했다.

업체 대표가 전화가 와서 나는 줄 수 없다고 했다. "약속한 바 없는 성공사례비를 어떻게 주느냐, 대표님이 오히려 저보다 더 법에 대해서 잘 알고 계시지 않으냐." 말씀드렸더니 무조건 달라고 하시고 나는 줄 수 없다고 했다. 그런데 업체 대표는 참 끈질겼다. 나와 몇 번 통화하시더니 안 되겠다 싶었던지 두꺼운 서류를 우편으로 보내시고 순천시청 과장님, 팀장님, 직원들이 우리 과장님께 돌아가면서 전화를 하고 나중에는 과장님의 휴대전화로 성공사례비를 달라고 문자를 보내기 시작했다.

어느 날은 순천시에서도 거리가 있는 우리 사무실이 위치한 승주읍까지 값비싼 외제 차를 타고 2백만 원을 받겠다고 오셨다. 순천시청의 거의 모든 일을 그 업체와 추진하고 있었는데 2백만 원을 받겠다고 전화에, 서류에, 문자에, 찾아오기까지 참 대단하신 분이시라고 생각했다. 그 후로도 그 회사의 대표는 한 번 더 우리 사무실에 찾아오셨다. 그리고 과장님께 계속 문자를 보내니 내가 오히려 과장님께 죄송한 마음이 들었다. 업체 대표는 인근 시 지역 출신으로 우리 시 고등학교를 졸업하여 우리 시와 관련이 많았는데도 기어이 2백만 원을 받겠다고 끈질기게 연락을 하였다.

나에게도 성공사례비를 달라고 직원들 몇 명에게 전화가 왔다. "그런 분들은 자존심이 엄청 쎄."라는 말까지 했다. 전화를 건 직원은 나에게 업체가 원하는 데로 돈을 지급하라는 뜻이었다. 공무원들은 시장님과 친분이 있다고 하면 스스로 알아서 이런 분들을 잘 챙겨 드리고 있었다. ○○면에 가면 유독 한 마을 앞에는 과속방지턱이 많았는데 그곳을 지나는 운전자라면 운전을 하면서 한마디씩 할 정도였다. 당시 시장 출신 마을로 마을주민들이 해달라고 하면 무조건 해주어서 이렇게 방지턱이 많이 만들어졌다고 한다. 그만큼 공무원들은 시장님과 친분이 있다면 알아서 과하게 잘해준다.

그렇게까지 끈질기게 2백만 원을 받으려고 하니 나도 더욱 성공사례비를 줄 수 없었다. 이분은 공무원을 너무 잘 알고 있는 분이었다. 전국에서 이분이 추진하는 곳은 성공사례비를 다 받았던 것이다. 당시에 광주의 ○○구청과 우리 시만 주지 않고 있었는데 그쯤 해서 광주에서도 성공사례비를 받았다는 것이다. 줄 수밖에 없다는 생각이 들었다. 이렇게까지 끈질기게 괴롭히니 어떻게 안 줄 수가 있겠는가? 이제 남은 것은 우리 시만 남았다. 다른 업체들은 알아봤더니 성공 수수료를 받는 곳은 많지 않았다. 수수료 2백만 원 사건은 내가 지급하지 않으니 몇 달 동안 지긋지긋하게 지속적으로 괴롭혀왔다.

그러다가 특허청에서 사무관이 회의에 참석하러 오셨는데 그분께 그간의 사정을 말씀드렸더니 난감해하시면서 본인이 해결을 해보시겠다고 걱정하지 말라고 하셨다. 그러나 그 이후에도 업체 대표의 요구는 계속되었다.

그러다 어느 날 인근 ○○시에서 전화가 왔다. 본인들도 우리 시와 동일한 업체 대표가 성공사례비를 주라고 하는데 줘야 하느냐는 것이다. 그래서 주지 않아도 된다고 했더니 본인들도 주지 않겠다고 함께 주지 말자고 철석같이 약속했다. 그런데 어느 날 업체 대표가 과장님께 전화해서 화를 냈다는 것이다. "박경화가 ○○시청에 전화해서 절대로 성공사례비를 주지 마라."라고 했다고 다른 시까지 못 주게 전화를 했다면서 화를 냈다는 것이다.

그래서 ○○시청 직원에게 전화했더니 본인은 줄 생각이 없었는데 예산부서에서 본인과의 사업예산을 세워주는 대가로 업체에 주라고 했다는 것이다. 그래서 예산을 세워야 해서 하는 수 없이 지급했다는 것이다. 나는 ○○시 직원에게 업체 대표가 '박경화가 ○○시에 전화해서 성공사례비를 주지 말자고 전화를 했다고 하더라', 그렇게 말한 사실이 있냐고 물었더니, ○○시 직원은 그런 일 없다면서 업체 대표가 전화 오면 그런 일 없다고 이야기하겠다고 하면서 어쨌든 약속을 지키지 못해서 미안하다고 했다.

나는 특허청의 사무관께 아직도 이 문제가 해결되지 않고 있다고 도와 달라고 전화로 부탁을 드렸다. 사무관이 "업체 대표에게 말했는데 아직도 달라고 하냐?", "내가 해결할 테니 걱정하지 마라"고 말씀하시면서 전화를 끊었다. 그 후 사업을 추진하는 업체들에 대해 평가하는 업무를 추가하였다. 그리고 얼마쯤 지나서 ○○단체에서 전화가 왔다. 그 업체에서는 성공사례비를 청구하지 않겠다고 한다면서 그리고, 앞으로 우리 시 업무에는 참여하지 않겠다는 약속을 했다고 한다. 정말로 어렵게 6개월여 동안을 스트레스 받아가면서 특허청 사무관의 도움으로 2백만 원의 성공사례비는 지급하지 않는 것으로 결론이 났다.

그 후 우리 시 업무에 참여하지 않겠다던 업체와 ○○단체 간의 약속은 지켜지지 않았다. 몇 년 후 그 업체는 다시 우리 시 업무에 신청서를 냈다고 한다. 공무원은 내 돈보다 더 예산을 적절한 곳에 잘 사용해야 한다. 내 경험으로는 관심을 두고 일을 했던 업무와 통상적으로 했던 업무의 결과는 너무 많은 차이가 있었다.

안되는 것을 해달라고 할 때 대부분은 윗분과의 친분이나 윗분을 찾아간다는 말로 협박을 한다. 그렇게 하라고 하면 그럼 대부분은 찾아가지 못한다. 왜냐하면, 본인이 윗분과의 친분으로 찾아가서 이야기하면 본인의 약점을 알려야 하는 민망한 상황이 되는 일이기 때문이다. 그리고 윗분을 만난다고 해도 아무렇지도 않다. 내가 하는 일이 윗사람이 해달라고 하면 해 주는 방식으로 일하지 않는다. 윗사람이 와서 말을 하든, 그 사람이 와서 말을 하든 나의 업무처리 방식은 대부분 동일하다. 그래서 윗분들을 찾아간다는 그분들의 말이 겁이 나지 않는다.

최근 상급기관에 업무적 질의를 했는데 엉터리 답변을 했다. 답변의 모순을 지적하면서 다시 한 번 검토를 해달라고 했다. 그리고 민원처리 기간이 정해져 있으니 그 전에 답변을 달라고 했더니 무작정 상급기관인 내가 답변을 주면 주는 대로 할 것이지 하급기관이 뭔 말이 많냐는 식이다.

그러면서 "국장님 이름이 누구요? 전화해서 순천시는 직원 교육을 어떻게 하는지 물어봐야겠구먼." 하는 것이다. 지방의 말단 직원이 중앙부처 직원을 상대로 토를 다니 건방지다는 것이다. 그래서 국장님의 성함을 알려드리고 국장님께 전화하시려면 전화번호를 찾으셔야 할 것 같으니 전화번호를 알려드리겠다고 했다. 결국, 그 직원은 전화번호가 필요 없다고 하였다. 대부분 본인이 강자라고 생각하는 사람이 약자를 대하는 방법이다. 내가 상부 기관에 있으니 너는 시키는 대로 하면 된다. 본인이 국장님께 전화하면 본인이 잘못한 것이 그대로 드러나는 일이었기 때문에 전화번호까지 알려주겠다고 강하게 나오니 뒤로 물러났다. 이런 사람들은 대부분 강하게 나오면 약해지고 약하게 나오면 강하게 행동한다.

주변 동료들에게 이러한 일들은 많이 일어났다. 그러나 대부분은 공무원의 공식처럼 '좋은 것이 좋은 것이다'라는 말을 잘 따른다. 알아서 적당히 한다. 소리 나지 않게 말이다. 아무리 일을 잘해도 소리를 내면서 일을 하는 것은 일을 잘하는 것이 아니라고 생각한다.

나는 문제가 있는 것은 소리를 내야 한다고 생각한다. 그래야 바꿀 수 있다. 물론 나도 시끄러워지면서 일을 하면 여러모로 많이 불편하다. 그렇다고 시끄러워지는 것을 겁내지는 않는다. 오히려 문제점을 개선할 기회라고 생각해서 좋다고 생각한다. 불편함을 감수하고 문제점을 해결해 가야 한다고 생각한다. 시끄러워지지 않으면 문제점을 고치기 힘들다. 많은 직원이 힘들지만 그렇게 일해주기를 바란다. 그래야 변할 수 있다. 좋은 게 좋은 거로는 부패하기 쉽다.

어떤 직원은 본인이 했던 일을 컴퓨터에서 다 지우고 후임자에게 인계인수를 해 주지 않는 직원도 있다고 한다. 그러한 이유는 '나보다 더 후임자가 일을 잘할까 봐'

싶은 생각인 거다. 얼마나 못난 생각인가? 이 세상은 내가 아니어도 얼마든지 잘 돌아간다. 굳이 그런 못난 방법으로 존재의 이유를 찾아야 할 필요가 있나 싶다. 나는 내가 하던 일은 후임자가 더 잘해주기를 바란다. 그래서 알고 있는 업무적인 부분과 문제점이 발생될 여지가 있는 점 그리고 어떻게 하면 더 잘할 수 있는가를 알려주는데 그래야 변화하고 발전할 수 있기 때문이다.

내 후임자가 나보다 더 업무를 잘해주기를 진심으로 바란다. 후배들에게 문제점이 보이면 다 바꾸라고 하지는 않는다. 왜냐하면, 다 바꾸려면 너무 힘이 들기 때문이다. 그렇지만 본인이 맡고 있는 업무 중 하나는 개선해야 한다고 이야기한다. 한사람이 업무 중 한 가지라도 개선을 한다면 좋은 방향으로 계속하여 변화와 발전할 수 있으니 말이다. 많은 공무원이 자신의 업무 중에 바꿀 수 있는 한 가지라도 바꿔서 후임자에게 넘겨주게 되길 바란다.

무슨 일이든지 공무원들은 시끄러워지는 것을 바라지 않는다. 본인도 귀찮을뿐더러 무엇보다도 윗분들이 싫어하시기 때문이다. 잘하든 못하든 누군가 문제를 제기하고 시끄러워지면 시끄러운 것 자체로 업무 담당자는 윗분들의 눈총을 받아야 한다. 그래서 좋은 게 좋다고 어떨 땐 비굴하게 업무처리를 하는 것을 보면서 씁쓸했다.

최근 심리학자가 사랑을 많이 받은 사람은 버티는 힘이 있다고 한다. 지금껏 살아오면서 부모님의 사랑을 비롯해서 너무나 많은 사랑을 받고 살아온 것 같다. 그래서 업무적인 일을 할 때 맞서서 싸울 수 있는 용기가 생기는 것은 아닌지 싶다. 직원이 이야기한다. "언니 어떻게 그렇게 당당하게 일 한가?" 강한 그들을 이길 수 있었던 힘은 나의 불이익에 대해 두려워하지 않는다는 거다. 오히려 나는 불이익을 받을 각오를 하고 상대와 맞선다. 내가 희생할 각오가 있어야 공공의 선을 지킬 수 있다고 생각한다. 공정성을 우선적으로 가지고 상대하면 강한 상대도 이길 수 있다는 것을 나는 이미 경험으로 알고 있다.

공무상 요양 승인

노무사님의 도움 덕분으로 나는 예술단 징계를 할 수 있었다. 예술단 징계를 추진할 때 서류들은 아이러니하게도 내가 공무상 병가를 받는 서류로 제출되었다. 공무상 병가에 제출되는 서류도 노무사님께서 작성을 해 주셨다.

자기를 믿고 가라던 그 윗분께서는 말단인 내가 아파서 공무상 요양 승인을 받겠다고 서류를 제출한다고 했더니 '엎드린 김에 엎드려라'라는 말씀을 내게 하셨다. 말단이 참아야 한다는 뜻으로 당신은 이미 과장에서 국장으로 승진이 되어 있었다. 나는 승진했지만 너는 병들어 있어도 그냥 죽어지내라는 것이다. 내가 무엇을 잘못해서 엎드려 있어야 한다는 말인가? 그것이 공무원 사회인 것이다. 내가 당연히 받아야 할 권리조차도 말단이니 윗분의 심기를 거스르지 말고 스스로 알아서 포기하라고 한다. 그러나 나는 나의 권리를 찾아야 했다. 총무과의 비위를 최대한 거스르지 않게 서류를 작성해서 제출했다. 왜냐하면, 총무과에서 공무원연금관리공단으로 서류를 보내주어야 하기 때문이다. 노무사님이 바쁘셔서 공무상 요양 승인 신청은 1년의 휴직 기간이 끝나는 시점에 제출하게 되었고, 복직을 한 후에 공무원연금관리공단으로부터 공무상 요양 승인이 인정되었다. 나의 병명 신청을 적응 장애, 임소공포증, 허리디스크, 협착증을 신청하였지만 아쉽게도 적응장애와 임소공포증만 인정받게 되었다.

나는 너무 속상했다. 허리가 너무 아픈 상태에서 병원에 가지도 못하고 보름 정도를 버텼고, 당시 잘 걷지도 못하고 허리를 구부리고 다니면서 일에 매달리고 있었다. 그래서 꼭 허리디스크를 받고 싶었지만, 공무상 요양 승인은 인정이 되지 않았다. 그래서 공무원연금관리공단에 재심을 신청해도 안 되어서 노무사님이 도와주셔서 법원에 소송을 했다. 그래도 결과는 마찬가지였다. 그것이 지금 생각해도 아쉬운 점이다. 당시 공무원연금관리공단에서는 오랜 시간 동안 초과근무를 한 것은 인정하지만 그 당시에 병원 진료 기록이 없어서 허리디스크는 인정할 수 없다고 했다. 그렇게 아프면 병원을 한 번이라도 가는 것이 상식이 아닌가? 그런데 나는 아픈 허리를 붙잡고 예술단을 지원해야 한다고 지나칠 정도의 책임감을 갖고 일했었다. 일만 하고 병원을 가지 않았으니 내가 어리석었다. 일하는 데만 정신을 집중하고 있었으니 말이다. 허리디스크 인정을 받으려면 변호사를 위임해서 일을 보았어야 했는데 나는 생계형 공무원이라서 변호사 비용이 아까웠던 것이다. 그래서 직접 노무사님의 도움을 받아 소송업무를 수행하니 전문가가 아닌데 이길 수가 있을 것인가? 그렇게 아쉽게도 허리디스크 소송에서 졌다

복직 후 나는 일상적인 생활을 할 수가 없을 정도로 공황장애가 심했다. 어느 날은 사무실 문을 열다 앞으로 꼬꾸라져 엎어지는 줄 알았다. 하루 일과를 소화할 수가 없었다. 2시간 이상은 자리에 앉아 있을 수가 없었다. 얼굴과 머리가 마비가 되고 귀가 아리는 증상의 원인을 찾아야 했다. 그러다 겨우 찾게 된 병명이 턱관절내장증과 저작근 장애라는 진단을 받았다. 그러나 병을 진단은 받았으나 검사상으로는 그렇게 심한 편이 아니라고 하는데 내가 호소하는 증상은 중증환자의 증상이라는 것이다. 결

국, 턱관절도 치료가 필요하지만 스트레스로 인한 정신과적인 치료가 더 우선이라고 하였다.

다시 정신과에서 진료를 받고 광장공포증과 기타 신체형장애라는 진단을 추가로 받았다. 당시에는 몰랐지만 임소공포증과 광장공포증은 동일한 병명이라고 한다. 그 후로도 머리가 너무 어지럽고 아프니 신경과를 가서 엠알아이를 찍어 삼차신경통이 의심된다는 소견도 받고 나는 그렇게 병원을 헤매고 다녔다. 일주일에 한 번씩 병가를 내고 병원을 가는 모습을 보고 직원들은 정말로 내가 아픈 것인지 의심을 했다고 한다. 그러나 나는 그들까지 신경쓸 여력이 없었다. 나중에는 너무 기가 딸리니까 분명히 화가 나는 상황인데 화를 낼 수가 없었다.

화도 힘이 있어야 낼 수 있다는 것을 알았다. 당시의 나는 화를 낼 기력조차도 없었으니 말이다. 그래도 복직했던 부서에서는 정신을 차려 일할 수 있는 시간이 많이 있었다. 그러다가 내가 몸이 좀 나아진다 싶으니 과장님께서는 일을 더 해야 하지 않겠느냐고 했다. 아프다고 이야기를 해도 내가 아픈 것에 대해 의심하는 것 같았다. 팀장님은 "예전의 박경화 어디 갔어?"라는 말로 상처를 주었다. 내가 어떻게 일하는지, 본인이 어떻게 일하는지 우리 둘은 익히 알고 있다. 나의 후임자였기 때문이다. 그렇게 나는 무능력한 직원이 되어 있었다.

턱관절내장증, 임소공포증으로 나는 1년의 기간을 공무상 요양 승인을 받았지만, 직장에서 근무를 하였다. 그러나 일부 상사들은 아프다는 말을 꾀병으로 알았고 나는 그들의 기대에 부응할 수 없었다. 건강상태가 허락되지 않았기 때문이다.

복직 다음 해 2월, 나는 다시 휴직을 하게 되었다. 952일간 적응장애, 광장공포증(임소공포증), 턱관절내장증으로 나는 공무상 요양 승인을 받았다.

추가로 서류를 공무원연금관리공단에 제출했는데 공무상 요양 불승인되었다. 사유는 그동안 충분히 요양 기간을 주었고 지금 받는 치료는 완치를 위한 치료가 아닌 보존적인 치료이며 나의 병이 공무적인 일을 하면서 생겼다기보다는 개인적인 취약성에서 발생된 것으로 보인다는 사유로 추가 연장한 기간에 대해 턱관절내장증, 광장공포증, 기타 신체형장애에 대해 불승인 한 것이다. 나는 억울했다. 그동안 26여 년 별탈 없이 공직생활을 잘했다. 그런데 이제 나는 병들어 있는데 그것이 개인적인 취약성이라고 하니 인정할 수 없었다. 그래서 재심을 신청하였고 역시나 불승인 되었다. 그래서 이번에는 법원에 소송을 했다. 지난번 허리디스크 소송에서 진 경험이 있어서 이번에는 변호사를 통해서 법원에 소송을 했다. 다행히 법원에서는 턱관절내장증에 대해서는 기각했지만, 광장공포증과 기타신체형 장애의 추가 상병을 212일을 추가로 인정했다. 나는 공무원연금관리공단으로부터 1,164일의 공무상요양 승인을 받았다.

애초 상사의 말처럼 '엎드린 김에 엎드렸으면' 내가 당연히 받아야 할 권리를 받지 못했을 것이다. 공무상 요양 승인을 인정받지 못했다면 너무 상심이 컸을 것 같다. 어쩌면 지금보다 더 건강이 악화가 되어 있었을 것이다.

공무상 요양 승인은 나에게 위안을 주었다. 그리고 경제적으로도 많은 도움을 주었다. 무엇보다도 아파도 그나마 떳떳한 마음이 들었다. 나의 권리를 찾기 위해 법원까지 갔고 거기서 나의 권리에 대해 다투게 되고 그 권리를 찾을 수 있게 되었다.

착각

내가 복직했을 당시 총무과장님은 승진하여 4급 국장님으로 우리 국에 계셨다. 하루는 찾아가서 면담을 했다. 그랬더니 본인이 하시고 싶은 말씀을 하셨다. "나도 예전에 자네보다도 더한 일을 겪었네." 시간이 지나면 괜찮을 것이다. 네가 겪은 일은 나에 비하면 약한 것이다. 그러시면서 "과장님이 점수를 줘야 나도 점수를 줄 수 있네."라고 하셨다. 본인이 아무리 나의 근무성적에 대한 점수를 주고 싶어도 과장님이 높은 점수를 주지 않으면 어쩔 수 없다고 하셨다. 내가 근무성적 점수를 잘 주라고 온 것으로 착각을 하고 계셨다. "오늘 제가 국장님을 뵈러 온 것은 내 이야기를 하고 싶어서 온 것입니다. 제가 그동안은 국장님 말씀만 듣고 갔으니 오늘은 제가 말을 하고 싶어서 왔으니 할 말이 있으시면 이야기를 다 들으신 후에 말씀하세요."라고 말씀드렸다.

조언을 하시던 국장님이 그러마 하시면서 들으셨다. "나에게 문화예술회관에 갈 때 국장님을 믿고 가라고 하셨는데 내가 잘못한 게 뭐가 있습니까?"라고 말씀드렸다. 그리고 그동안 비서를 찾아갔던 일을 말씀드렸다. 그리고 "그렇게까지 몸이 아프다는 저에게 이렇게까지 잔인하게 해야될 이유가 있었습니까?"라고 물었다. 그랬더니 "고생했네, 자네 아니면 아무도 할 수 없는 일이었네. 그러나 미안하지만, 자네에게 다 말해줄 수 없는 부분이 있네. 자네가 희생되었지만, 자네에게 다 말해줄 수는 없네."라고 하셨다. 나의 이야기를 다 들으신 후에 미안해하시는 표정을 지으셨다. 그 후 그렇게 과장님이 점수를 주어야 점수를 줄 수 있다던 국장님은 한마디 청탁도 하지 않았는데도 국에서 1등을 주었다.

복직 후 나는 총무과장님과 면담을 했다. 총무과장님은 나의 그간의 사정과 건강상태에 대해 1시간 정도 총무과 테이블에 앉아서 일대일 면담을 했다. 나의 사정에 대해 안타까워하시면서 본인의 경험담을 함께 들려주시며, 무엇보다도 건강이 우선이니 건강을 챙기라는 말씀을 하셨다.

복직하던 해 연말 시장님을 찾아뵈었다. 왜냐하면, 나는 오랜 공무원 경험으로 알고 있었다. 내가 그분들을 찾아뵙지 않으면 앞으로 어떻게 이야기하실지. 왜 그때 본인에게 이야기하지 않았느냐고 하실 것이 뻔했기 때문이다. 그래서 시장님을 직접 찾아뵌 것이었다. 그리고 시장님을 대면해서 내 눈으로 직접 판단을 해야겠다는 생각도 했었다. 시장님이 나를 대하는 태도는 찬바람이 쌩 불정도로 이전과 바뀌어 있었다. 나는 그간의 사정과 건강상태에 대해 말씀드렸다. 그랬더니 "거 너 언니냐? 동생이냐? 있잖아, 언니는 잘하는데 너는 왜 그러냐" 아프다는 내게 이렇게 말씀하시면서 "직원들 이야기 들어보면 대단한 사람들이 많아. 너보다 더 힘들게 일하는 직원들이 훨씬 많아" 내가 아픈 것은 아무것도 아니고 내가 한 일도 아무것도 아니라는 뜻으로 이야기하셨다.

그동안 시장님은 본인의 입으로 여기저기에서 내가 직접 있는 곳에서까지도 "진정성 있는 공무원", "진정성 있게 일한다."라는 말씀으로 자주 칭찬하셨던 분이시다. 그런데 인제 와서는 "너는 누가 청탁해도 들어 주지 않는 거 안다.", "너처럼 일하는 직원들은 많다"라고 하셨다. 예술단 업무를 볼 때도 시장님은 나에게 힘을 실어주기 위해 예술단 지휘자들과 단무장들을 점심 식사에 초대했었다. 그리고 그 자리에서 "파출소(전임자)가 가니 경찰서(나)가 왔다"라는 표현으로 예술단원들에게 나를 칭찬하시면서 내가 예술단을 변화시키는데, 힘을 실어주셨던 분이시다. 최고 권력자가 말단 직원에게 하시는 태도의 전환이셨다.

어느해 11월 나는 정신을 잃어버리는 일들이 생기면서 무서워지기 시작했다. 그래서 당시 비서였던 분을 찾아가서 승진시켜 달라고 했다. 왜냐하면, 나의 업무성과에 대해서 잘했다고 하였고 업무 추진결과에 대해 인정을 하고 있었기 때문이다. 나는 승진을 요구했지만, 전비서는 승진은 안 된다고 했다. 그래서 그동안 나의 건강에 대한 사정을 이야기하고 건강이 좋지 않은 상태이니 문화예술회관에서 다른 곳으로 인사발령을 해달라고 했다. 더 이상의 스트레스를 받는 것은 건강상 안 될 것 같다고 말씀드렸고 인사이동을 하겠다는 답변을 듣고 왔다.

그런데 나는 1월 정기 인사발령이 나지 않았다. 그때 당시 3월 승진 인사가 또 있었다. 그래서 이번에도 그분을 찾아갔다. 왜 나를 전보인사발령을 내준다고 하고 그대로 놔두었냐고 했더니 3월 인사에 승진을 시켜서 보내려고 인사발령을 하지 않았다고 했다. 그런데 3월 인사에서 승진을 시키기 위해 1월 인사발령을 하지 않았다던 그 말은 거짓말이었다. 3월 인사에서 나는 승진은커녕 경제진흥과로 징계성 인사발령을 받았다. 나는 충격을 받았다. 벼랑 끝에 서 있는 나를 낭떠러지로 밀어버려서 떨어지는 심정이었다.

그 당시에 얼마나 힘든 상황인지 이야기를 했지만, 그들은 고통스러워하는 나를 우롱하고 있었다. 경제진흥과는 직전에 인사발령을 받아간 직원 언니가 화를 냈던 곳이다. 왜냐하면, 7급 승진대상자들이 유독 그 경제진흥과에 많았다. 그런데 그곳에 나도 발령을 내었던 것이다. 권력자들이 스트레스를 받아서 하루가 힘들다는 말단 직원에게 권력을 휘두르는 방식이었다. 그들의 권력이 나처럼 힘없는 말단 직원들을 밟고 가는 길이라면 그때는 그들을 원망하였으나 인제는 그들이 한없이 불쌍한 사람들이라고 생각한다.

권력이 참 대단하긴 하나보다 싶었다. 말단 직원을 상대로 이렇게까지 하는 것을 보니 말이다. 본인들은 어쨌든 승승장구의 길을 걷고 있으니 말이다. 나는 그러한 길은 준다고 해도 걷고 싶지 않다. 당시에는 나의 진정성이 그들에게 유린당했다는 생각에 분노가 더 일었었다.

어느 해 3월, 전 비서였던 분이 나를 승진시켜준다고 한 후 나의 전임자가 찾아왔다. 당시 전임자는 승진한 후 전 비서였던 분을 상사로 모시고 인사 발령받은 지 얼마 되지 않은 상태였다. 본인 일이 엄청 바빠서 정신을 차릴 수 없다면서도 전화를 해서 만나자고 했다. 그래서 만났다. 나와 전임자는 20년 지기였기 때문에 친분이 있었다.

'그렇게 바쁘다는 직원이 왜 나를 만나러 왔을까?'라고 생각했다. 평상시의 나라면 '바쁘다면서 왜 무슨 일이야?', '누가 보냈냐?'고 직접 물어보았을 텐데 그날은 왠지 물어보고 싶지 않았다. 전임자가 어떻게 하는지 이상하게도 관망해보자 하는 생각이 들었다. 그랬더니 전임자는 예술단 상황에 관해 물어본 후 "너는 지금 예술단으로는 만족이 안 되냐? 나 같으면 이 정도면 만족이 될 텐데"라는 말을 남기고 갔다. 그러면서 왜 본인이 바쁜 와중에도 찾아왔는지 누가 보내서 왔는지를 한마디 말하지 않고 갔다. 나를 염탐하기 위해서 왔던 것이다. 분해서 밤에 잠이 오지 않았다. 전비서는 전임자가 일 처리가 안 되어서 나를 보낸 것 아닌가? 그런데 이번에는 일 처리가 안 되었던 전임자를 보내서 나의 업무를 판단하려고 하니 기가 막혔던 것이다.

그러나 며칠 후 승진을 시켜준다는 인사발령이 있을 때까지 참았다가 그때 찾아가서 전 비서실장에게 따지리라 생각하면서 나는 인사발령 전까지 매일 밤을 분노로 보내야 했다. 그런데 결과는 경제진흥과로 징계성 발령을 낸 것이었다.

전임자 또한 어떻게 나에게 와서 나를 염탐하고 갔는지. 알 수도 이해할 수도 없었다. 전임자가 잘못 운영하던 부분도 나는 누구도 탓하지 않았다. 그리고 최선을 다해서 일을 했고 실제로 본인이 예술단원에게 당하고 갔던 부분을 내가 해결하자 시원하다고 고맙다고 말했던 직원이다. 그리고 나와 그럴 관계가 아니라고 생각했다. 우리가 20년 지기였다는 것은 나의 착각이었다.

왜 자신이 바쁜 와중에도 나를 만나러 왔는지 한마디만 하고 갔더라면 그 직원에게 서운한 감정이 없었을 텐데 배신의 감정이 들었다. 그리고 결정적인 징계성 인사발령이 나면서 나는 직장을 계속 다니면 이러다 내가 죽겠구나 싶었다. 그래서 병가를 쓰고 그날부터 집으로 들어가서 분노의 날들을 보내야 했다. 상처는 덧나기만 할 뿐 아물지는 않았다. 그렇게 나는 고통의 날들을 살아내어야 했다.

4부 • 화해의 길

5살 아버지와 만나다

고통은 그만큼의 대가를 주는 것 같다. 나는 아버지를 사랑한다. 아버지는 밤잠도 제대로 주무시지 못하시고 자신이 겪었던 가난을 자식들에게 대물림시키지 않기 위해 당신의 몸은 보살필 겨를 없이 희생과 사랑으로 우리를 키우셨다. 오로지 아버지 머릿속에는 자식과 형제와 조카들뿐이셨다. 아버지께서 5살 때 할아버지가 돌아가셨다.

홀어머니 밑에서 4남 1녀가 길러졌는데 아버지가 네 번째이고 고모가 막내였다. 고모는 3살 때 할아버지가 돌아가셨기 때문에 유독 아버지는 여동생에 대한 연민의 마음이 크신 것 같았다. 신혼살림을 날 때 가져올 것도 없어 오로지 부모님의 노동력으로 생활을 하셔야 했다.

어렸을 때 우리 집은 아버지께서 밥상을 많이 차리셨다. 엄마가 길쌈을 하셨는데 밥하는 시간도 아끼시려고 아버지께서 밥을 하셨다. 고생하시는 부모님을 보고 자란 우리 형제들은 부모님을 사랑하는 자식들이다. 현명하신 아버지께서는 어렸을 때부터 우리에게 '부모님께 효도해야 한다.'라고 가르치셨다. 당신이 아버지를 일찍 여의셨기 때문에 '부모님은 한번 가시면 효도를 아무리 하고 싶어도 할 수 없다.'라는 말씀을 자주 하셨다. 아버지 자신도 할머니와 외할머니께서 살아계실 동안에는 잘 하셨던 것으로 알고 있다.

부모님들의 강한 형제애에 영향을 받아서인지 우리 사촌 형제들은 학생 때부터 연말모임을 큰집에서 한 번씩 가졌다. 그러다가 30여 년 전 사촌 모임을 만들어서 가족들 모두가 1년에 1박 2일로 만나고 있다. 한번 모이면 전원 참석하지 못해도 50명 이상이다. 처음엔 각자의 집을 돌아가면서 모였고, 모임이 한 번씩 돌아가자 이제는 펜션에서 모임을 한다. 사람이 많으니 1박 2일 먹는 양도 어마어마하게 많다. 그리고 우리 가족들과 새로 들어온 가족들 모두 식성이 좋은 편이다. 토요일 점심부터 시작해서 밤까지 고기를 구워야 먹을 수 있다. 사촌 모임은 새로 들어온 배우자들이 워낙에 성격들이 좋아서 모임이 유지되고 있다. 물론 그 모임이 항상 즐거운 것은 아니었다.

때로는 형제들 간의 다툼이 생기기도 했다. 그러나 서열이 정해져 있어서 금방 수습이 된다. 그래서 오랜 기간 사촌 모임은 유지될 수 있었다. 1년에 한 번 모이지 않으면 다들 살기 바쁘고 각자 타지역에서 살고 있어 사촌이라고 언제 얼굴이라도 볼 수 있겠는가? 사촌들의 모임이 있어서 형제들을 볼 수 있어 좋다고 나는 생각한다. 그것은 아버지 형제들이 보여주신 형제애를 자녀들이 자연스럽게 이어받아서 가능하다고 생각한다.

우리 집은 마을에서 제일 첫 집이고 집 앞에 차로가 있다. 예전에는 차편이 별로 없어서 차가 잘 다니지 않을 때 어두워지면 아버지는 농사일을 마치고 오시면서 자주 길 가는 나그네들을 모시고 와서 식사를 드리고 하룻밤을 재워서 보내시곤 했다. 길갓집이라 길을 물으러 오는 사람들도 많았고 아버지 보시기에 형편이 여의치 않다고 생각되시면 대부분은 아버지 쪽에서 먼저 우리 집에서 자고 가라고 하셨다. 아버지는 정이 많으신 분이시다. 종종 정이 넘쳐 과하다고 생각될 때도 많다. 아버지는 누군가에게 끊임없이 도움을 주고 싶어 하시는 분이신 것 같았다.

외모도 수려하셔서 아버지는 당신의 얼굴 생김에 대해

자신감이 넘치셨다. 왜냐하면, 아버지를 만나는 사람들은 아버지의 외모를 칭찬하셔서 외모에 대한 자부심이 넘치셨다. 또한, 아버지는 모르는 사람과 금방 친해지고 그 관계를 오래 유지하시는 친화력이 뛰어난 분이시다. 자식들에게도 스킨십을 자주 하셨으나 화가 났다 하면 호랑이보다 더 무섭다는 생각을 했었다. 이렇게 모든 사람에게 사랑과 정을 베푸시는 아버지께서 이 세상 유일하게 못 해주는 사람이 우리 엄마였다. 아버지는 엄마를 꼼짝을 못하게 하셨고 자신이 마음대로 해도 되는 사람처럼 대하셨다. 엄마에게 폭언과 폭행도 서슴지 않고 하셨다. 나는 엄마에게 이런 모습을 보이는 아버지가 미웠고 원망스러웠다. 그렇다고 아버지를 마냥 미워하고 원망만 할 수도 없었다. 아버지를 사랑했고 아버지께서 우리를 얼마나 사랑과 희생으로 길렀는지 알고 있기 때문에 그래서 많이 안타까웠다.

내가 아픈 이후부터 더욱 아버지에 대한 원망의 마음이 커졌다. 엄마도 불쌍하고 아버지도 불쌍해 보였다. 그러다가 나의 고통 속에서 알았다. 나는 5살 아버지와 만나게 되었다. 그러면서 아버지에 대한 미움, 원망의 마음들이 사라졌다. 나는 경제적으로 풍족하지는 않았어도 불편함 없이 살았고 부모님의 사랑을 지금껏 받으면서 살아오고 있다. 그래도 나는 완벽하지 않았다. 넘치는 사랑을 받고 살았음에도 나는 삐뚤삐뚤하다.

그런데 5살 꼬마 아버지는 경제적 궁핍과 홀어머니와 형제들 속에서 살아온 삶이 얼마나 팍팍하고 서러운 일들이 많았겠는가? 5살 꼬마 아버지의 인생이 얼마나 고단했을지? 그럼에도 불구하고 평생을 나누어 주는 삶을 살고 계시는 아버지는 위대해 보였다. 어떻게 그렇게 넘치는 정을 줄 수 있는 사람으로 성장을 하셨는지 나는 다섯 살 아버지를 만나면서 아버지에 대한 원망하는 마음과 부정적 감정이 사라지게 되었다. 그리고 감사한 마음만 남게 되었다. 다섯 살 아버지와 만나게 된 것에 대해 나는 무척이나 감사하게 생각한다. 아버지를 원망했던 내가 다섯 살 아버지를 만나면서 얼마나 힘드셨냐고 수고하셨다고 감사하다고 사랑한다고 가슴으로 꼭 안아드렸다. 사랑합니다. 감사합니다. 아버지.

가족

나는 남편을 보면서 나와는 다른 생각을 지닌 사람이 있다는 걸 알게 된다. 어떻게 보면 남편은 나의 균형감각을 맞춰주는 역할을 하는 것 같다. 남편과 생각이 같다면 나는 얼마나 오만한 삶을 살았겠는가? 남편을 내 눈높이에 맞춰서 내 생각대로 움직여 주기를 바랐고 많이 다퉜다. 그 다툼의 원인이 남편 때문이라고 생각하면서 살았다.

아프게 되면서 나를 들여다보고 그 다툼의 원인이 나였다는 것을 알게 되었다. 고통 속에서 헤매고 있을 때 유튜브에서 법륜스님의 즉문즉설을 듣게 되었다. 처음 스님의 말씀 영상을 몇 개 들을 때는 그때그때 상황에 따라 말씀하시겠지 하고 생각했다. 그리고 스님은 결혼을 해보지 않았으니 어찌 세세히 다 아시겠나, 하는 생각이 들었다. 나는 이 시대의 철학자로서 스님을 생각하게 되었다. 그런데 계속 듣게 된 즉문즉설의 스님은 한결같은 답변을 하셨다. 스님의 즉문즉설을 어떤 날은 6시간을 들은 일도 있다. 듣고 또 들으면서 스님은 어떻게 저런 혜안을 가지고 계실까 하는 생각이 들었다. 사안에 대해 객관화시키고 계셨다. 그리고 가만히 내 안을 들여다보니 모든 문제의 원인은 나에게 있었다. 남편을 위한다고 하고 자식을 위한다고 했던 일들도 궁극적으로는 나를 위하는 일이었다는 것을 알게 되었다. 그 후 나는 스님의 가르침대로 사물의 이치를 보고자 했다. 그것은 나를 먼저 들여다보는 일부터의 시작이었다. 내 안에서 모든 일이 일어나고 있었다. 스님의 가르침을 듣고 남편에게 했던 내 행동들에 대해서 반성하게 되었다.

남편은 그동안 내가 했던 일들에 대해서 "당신만 옳으냐?", "왜 그렇게 생각하느냐?" 등등의 많은 내 행동들에 대해 반대의견을 내었다. 그냥 조용히 남의 입에 오르내리지 않고 살기를 바라는 사람이었다.

그러던 남편이 처음으로 내가 청와대에 국민청원을 하겠다고 하자 그렇게 하라고 흔쾌히 허락했다. 남편에게는 너무나 어려운 결정이었을 것이다. 그러나 그동안 나에게 반대를 하던 남편이 정작 순천시를 떠들썩하게 하는 일에는 통 큰 허락을 하였다. 선배들이 전화를 해서 청원을 내리라고 하고 남편을 외면하는 직원들이 많아서 남편도 매우 힘들었을 것이다.

그것이 공직 사회에서 보통 큰일인가. 그 힘든 시기를 잘 견뎌준 남편에게 너무 고맙게 생각한다. 하루하루가 얼마나 힘이 들었을 것인가? 순천시를 떠들썩하게 하는 사건을 아내가 만들어서 논란의 한복판에서 버텨야 했으니 지금도 미안하고 고맙게 생각한다.

우리 아버지는 남편을 좋아하신다. "왜 좋아하시냐?"고 아버지께 여쭤봤더니 "일을 열심히 하니까 이쁘다"라고 하신다. 아버지 보시기에 남편은 성실하고 술을 먹어도 취하면 잠을 자니 딸을 믿고 맡겨도 되겠다 싶으셨던 것 같다. 남편은 나와 같은 직장의 공무원으로 성실하고 정직하며 책임감 강하게 일하는 남편의 공직생활을 존경한다. 남편처럼 일하는 공직자들이 많아졌으면 좋겠다는 생각을 하게 된다.

직장 일이 우선인 남편 덕분에 아이들 육아는 혼자서 해야 했다. 내가 바쁠 때 벌교에서 근무할 때는 주로 어머니께서, 보성으로 갔을 때는 아버지, 엄마, 오빠가 육아를 도와주었다. 순천으로 오고 나서는 언니가 주로 나를 도와서 아이들을 돌보아 주었다. 보성에서 다닐 때는 어린이집 선생님들이 오빠가 남편인 줄 알았다. 남편은 사무실 일이 바쁘다고 한 번도 아이를 데리고 어린이집에 간 일이 없었다.

남편은 사무실 일밖에는 몰랐다. 너무 사무실 일만 하는 남편에게 한때 나는 "남편을 순천시청에 기증 했다."라고 말했을 정도였다. 아이들이 엄마와 아빠의 월급이 같다고 하자 "왜 아빠하고 엄마하고 월급이 같아? 엄마는 일찍 집에 오고 아빠는 사무실에서 일만 하는데 월급이 같아?"라며 이해하지 못했다. 남편은 내 입장에서는 집안일을 돌보지 않아 불만이었으나 그렇다고 남편이 자신이 개인적인 일을 즐기기 위한 것이 아닌 업무를 하기 위해서 하는 일임에도 남편의 지나친 책임감으로 내가 독박육아를 해서 불만이 생겼던 것이다. 일벌레처럼 일만 하더니 직원들에게 남편은 일을 잘한다는 평가를 듣는 것 같다.

지난 몇 년 동안 엄마 역할도 주부의 역할도 하지 않고 방안에 콕 박혀서 텔레비전을 틀어 놓고 어두운 방 안에서 누워서만 지냈다. 이런 나를 보고 남편은 젊은 사람이 답답하지도 않냐고 속 터져 했다. 성실했던 엄마로서 삶도 허무하게 무너졌고 힘들어서 그냥 회피하고 싶은 마음에 자신을 제어할 여력이 없었다. 나는 하루하루를 겨우 버티며 살아내고 있었고 아이들이 나를 보면서 어떻게 생각할 것인가? 자책감과 무섭기도 한 생각이 들었는데 당시에 큰아이는 고등학생, 작은아이는 중학생이었다.

내가 힘들고 아플 즈음에 작은아이의 사춘기도 함께 시작되었고 아이를 보살필 여력이 별로 남아 있지 않았는데 고등학생 큰아들이 엄마를 지켜주는 버팀목처럼 나를 보살폈다. 아들이 고3이 되었을 때도 나는 고3 아들을 의지하고 있었다. 얼마나 아이의 어깨가 무거웠을지 미안해하면서도 내가 버틸 힘이 없으니 아들을 의지할 수밖에 없었다. 그렇게 엉망으로 무너져 가고 있을 때 나는 무엇보다도 아이들이 엇나갈까 봐 걱정되고 두려웠다.

나는 아이들에게 좋은 환경을 만들어 주지 못했다. 인격적으로 성숙하지도 못했다. 내 삶이 고단하다는 이유로 미성숙한 모습을 보여주었다. 요즘 같으면 폭력 엄마로 처벌을 받았을 것이다.

나는 감정을 주체하지 못했고 지금은 너무 후회되고 아이들에게 잘못했다고 빌고 싶다. 성숙하지 못한 엄마를 용서해 달라고 말이다. 무슨 일이 있어도 폭력을 행사해서는 안 되는 일이었다.

그러나 이러한 두려움에서 벗어날 수 있었다. 그것도 시어머니 덕분이었다. 시어머니가 아프신 후부터는 아픈 엄마가 아픈 할머니를 돌보니 아이들 보기에 엄마가 기특해 보였나 보다. 그래서 아이들이 오히려 나를 더욱 아껴준다. 우리 가족들은 요즘 내가 걷기를 간다거나 운동을 하러 간다고 하면 너무 좋아한다. 엄마의 건강을 그만큼 걱정하고 있다고 생각한다.

시어머니께서 병원에 입원하셨을 때 식사를 아예 드시질 않으시니 시어머니의 식사를 위해 내가 점심을, 남편이 저녁을 드리러 병원을 간다고 하니 둘째 아들이 너무 좋아한다. "엄마, 오늘도 우리 할머니 병원에 점심 드리러 갈 거야?" "응" 하고 내가 답하면 아들이 "엄마 우리 할머니 밥 많이 드려, 내가 엄마 늙으면 그때 엄마 잘 보살펴 줄게."라고 말한다. 아이들에게 어떻게 하라고 말할 필요가 없었다. 아이들은 부모의 그림자를 따라오고 있었다. 아픈 엄마가 아픈 할머니를 위해 점심을 드리러 다닌다고 하니 아들이 집 안 청소를 하고 요리를 하고 엄마를 쉴 수 있게 한다. 어쩌다 신경질적인 모습을 보이면 그것까지도 받아 넘겨준다. 나의 행동을 아이들이 보고 따라오고 있었다. 시어머니를 보살펴 드리는 잠깐의 시간으로 나는 가족들로부터 호사를 누리고 있었다.

부모님과 자식을 통해서 나는 인생을 알아간다. 부모님과 자식이 없었다면 알지 못했을 일들을 감사하게도 내 인생이 성장해 가고 있다. 나를 위해서는 무릎 꿇지 못하나 자식을 위해서는 할 수 있었다. 그것이 부모였다. 나를 고개 숙일 수 있는 존재가 바로 자식이다. 낮아지면 높아진다. 나는 자식으로 인해 낮아지면서 높아지고 있었다. 나는 부모님의 그림자를 보고 따라가고 자식으로 인해 얻는 성장으로 인생이 성장해 가고 있다. 나의 조그마한 수고로움이 나에게 배가 되어 되돌아오는 것이 인생이다. 자식이 잘되기를 바라면 말로 하지 말고 행동으로 해야 한다는 것을 알았다. 부모님께 잘하는 것은 결국은 내가 편하게 사는 길이었다. 그것도 부모님 덕분으로 알게 되었다.

내가 시어머니를 간호하고 우리 집에 잠깐 모셨다고 하

면 사람들은 칭찬을 아끼지 않는다. 그런데 나는 게으른 사람이다. 보통 사람들은 시부모님이 오셨거나 손님이 오신다고 하면 정성을 다해서 하지만 나는 그렇지 않은 편이다. 할 수 있는 최소한의 것만 한다. 정성을 다해서 한다면 얼마 가지 않아 나가떨어질 것이다. 나는 역할 분배를 잘하는 사람이다. 역할의 일부분 정도를 내가 하고 많은 부분은 다른 가족들이 하게 한다. 그들에게도 기회를 줘야 한다는 것이 나의 입장 중 하나이다. 그래서 정작 내가 하는 일은 별것 없다. 가족이 다 하고 있기 때문이다.

시어머니는 내게 참 많은 사랑을 주신 분이다. 몇 년 전 시어머니께서 뇌경색으로 쓰러지시면서 우리는 시어머니를 보살펴야 한다는 동일한 목표가 생겼다. 시어머니가 갑자기 대소변을 못 가리시는 상황이 되니 처음엔 내가 시어머니를 씻겨드렸다. 내게도 처음 있는 일이니 당황스러운 일이었다. 처음 시어머니께서 용변 실수를 하신 날부터 나는 자연스럽게 시어머니의 알몸을 온 가족들이 보게 하였다. 남편도 엄마의 알몸으로부터 시선을 피했고 아이들도 피했다. 시어머니 역시도 너무나 부끄러워하셨다. 나는 "병원에 간호사는 어떻게 환자를 돌보겠어? 당신이 아파 있으면 어머니께서 당신 기저귀 갈아주시겠지. 어머니를 돌보아야 하는 환자로 생각을 해야지" 이야기 하면서 시어머니의 알몸이 자주 노출이 되자 시어머니의 알몸은 시어머니와 온 가족에게 자연스러워졌다.

그 후 다행히도 시어머니는 건강상태가 그나마 좋아지셔서 시어머니 스스로 기저귀를 처리하고 지내시게 되었다. 그러나 얼마 안 가 건강이 악화가 되어서 스스로는 움직이시질 못하셨다. 그런 시어머니를 아이들이 똥기저귀를 직접 갈아드리고 목욕이 필요하면 목욕도 시켜드렸다. 이런 아들들을 보면서 너무나 자랑스러웠다. 그토록 두려워하던 아이들이 잘못될까 봐 두려웠던 마음을 시어머니의 기저귀가 해결해 주었다. 할머니의 똥기저귀를 갈아드리고 목욕을 시켜드리는 아들들에게 무엇을 더 바랄 것인가. 아이들이 잘 자라 주어서 그저 감사할 뿐이다. 시어머니가 아프시면서 참 많은 것을 깨닫게 되었다.

화해

나는 그해 12월 두 번째 복직을 했다. 복직한 부서에서는 나와 불편한 인연이 있던 직원들이 몇 명 있었다. 첫 번째 분은 감사과에서 함께 근무하셨던 분으로 내 업무에 대해 이미 당시 과장님과 다른 팀의 직원들은 자기들끼리 결론을 내고 우리 팀이 어떻게 하는지 지켜보시던 분이셨다.

두 번째 분은 첫 번째 복직해서 일할 때의 일이다. 총무과에서 시장상을 달라는 업체가 있었는데 그동안 실적도 없었고 시장상을 주어야 할 대상이 아니었는데 내 업무는 아니지만, 동료직원이 없어서 내가 상담을 해주었다. 동료직원에게 시장상을 주지 않을 경우 내가 안 된다고 업체에 전화하겠다고 했으나 직원이 업체에 직접 전화하겠다고 해서 그렇게 처리되나 했는데 그 일은 다시 상사의 청탁으로 시장상을 주기로 했다고 한다.

그래서 그러나 보다 했는데 내가 부시장실로 결재를 받으러 갔는데 대기실에서 총무과 팀장님이 다짜고짜 나를 보더니 "시장은 정치인이여, 자네가 뭔데 상을 안 준다는 것이여" 하면서 큰소리로 화를 내기 시작했다. 그렇게 무방비 상태로 당해야 했다. 그 후로 총무과에 갔더니 다시 나를 보면서 화를 내기 시작했다. '참 이상한 사람이다'라는 생각을 했다.

세 번째 분은 내가 청와대 국민청원을 냈을 때 남편에게 청원을 내리게 하라고 전화를 하셨다고 한다. 네 번째 분은 문화예술회관에서 나의 전임자로 나를 시험하고 가서 실망하게 만든 사람이다. 나는 불편한 4명의 직원과 같은 과에서 근무해야 했고 이분들은 내 개인정보를 보도했던 기자와 친분이 있어 그 기자까지도 우리 사무실을 오가고 있었다.

다행인지 불행인지 나는 두 번째 복직 후부터 공황장애가 계속 지속되었다. 편마비가 왔고 머리는 잠을 못 잔 것처럼 머릿속이 붕붕 떠다니는 느낌과 속은 울렁거림으로 턱관절의 통증을 갖고 하루를 살아야 했다. 그래서 어떤 생각도 판단도 할 수 없는 상태였다. 겉보기에는 멀쩡한데 나는 아무것도 할 수 없는 백치의 상태로 되어 있었다. 심지어 어느 날은 더하기도 안 되고 글씨도 흐릿해서 보이지 않을 때가 있었다. 정말 하루하루가 미쳐 버릴 것 같아서 하루를 살아내는 것이 절망이라는 두려운 시간을 보냈다.

두 번째 복직 후부터 직장생활 중 가장 심리적으로 버티기 힘들었던 때였다. 너무 절망적이었다. 내가 직장생활을 계속할 수 있을 것인지? 내가 직장을 계속 다니고 있어도 되는지? 내 안에서 많은 갈등과 고민이 쌓여 갔다. 머릿속이 붕붕 떠다니는 채로 살아야 하고 아무 생각도 할 수 없는데도 그냥저냥 불편하게 생각했던 이분들 덕분으로 나는 직장생활을 무난하게 지내게 되었다.

그동안의 내 생각이 많이 달라져 있었으므로 하루하루를 그렇게 살아갔다. 주변을 살펴볼 여력이 없었을뿐더러 내가 바라보았던 '되고 안되고'가 확실했던 이분법적인 생각에서 점차 나는 그분들 입장에서 생각하게 되었다. 그리고 어쨌든 아무것도 할 수 없는 나는 그분들의 보호를 받아야 하는 입장이었던 것이다.

그분들은 나를 많이 배려해 주셨고 내 안에서 화해의 손길을 내밀 수 있었고 같은 공간 안에서 생활하면서 그들과 나는 화해를 하는 시간이 되었다. 너무나 다행이게도 내가 정신을 차릴 수 없고 초라한 모습이어서 스스로 그들과 화해할 수 있는 시간이 되었으리라 생각되어진다.

이분법적 사고로 살았던 나는 많이 고단한 삶이었다. 지금은 나 자신이 낮아지기 위해서 많은 노력을 한다. 예전의 나라면 상상할 수 없는 행동을 한다. 과거에 관계가 좋지 않은 팀장님을 만나면 나는 의도적으로 고개를 숙여서 인사를 한다. 그것은 내가 낮아지기 위한 나의 노력이다. 여러 번 횟수를 거듭하니 편안하게 볼 수 있었다.

코로나19 지원을 ○○면으로 나갔다. 나에게 거짓말을 전달했던 전 비서가 면장으로 있는 곳이었다. 예전의 나였더라면 버티기 힘든 일이었겠지만 다행히 나는 아직도 정신을 차릴 수 없을 때가 많다. 불편한 마음 없이 그분을 대할 수 있었다.

그냥 아무 생각도 들지 않았다. 내 삶이 편안해지고 있는 것이다. 미워하는 마음, 불편해하는 마음, 부정적인 마음이 있다면 그것은 내 안에 있는 것이다. 내가 가지고 있는 부정적인 부분은 결코 나에게 득이 되지 않는다. 나에게 악순환만 계속될 뿐이다. 나는 스스로가 그들과 하루하루를 함께 생활하고 도움받으면서 자연스럽게 내 안에서 그분들과 화해를 하고 내 삶이 편안해 지고 있었다. 고통 속에서 헤매고 다녔지만 무슨 일이든 뜻이 있고 헛된 것은 없다고 생각한다. 그렇게 살아가는 법을 배우고 있다.

세월호

세월호 사건을 계기로 나는 문화예술회관에서 온 힘을 다해 일을 했다. 일을 하면서 주변 사람들에게 내가 이렇게 일을 열심히 하는 것은 "세월호 아이들에 대한 부채 의식 때문이다. 다시는 이러한 불행한 일들이 기성세대의 잘못으로 일어나서는 안 된다."라고 말하면서 일을 했다. 그래서 나의 아이들을 희생시키고, 승진까지 포기하면서 아이들에게 좋은 선생님을 선물하고자 일했고 결국에 나는 오랫동안 병을 얻었으며 덕분에 공무원으로 혼을 불어넣은 최고의 작품을 그곳에 만들어 두고 왔다. 그리고 그 이후로 나는 인생이 풍성해졌다.

그동안 여러 차례 나는 종교를 갖고자 했으나 갖지를 못했다. 교회에 가려고 했는데 막상 교회에 가서 목사님 설교를 들으면 반감이 일어나 다닐 수가 없었다. 시어머니는 아들이 교회에 가기를 바라시고 하느님께 아들이 교회에 다니도록 기도를 하시다가 어느 순간부터는 아들을 전도하는 것보다는 며느리를 전도하는 것이 더 나을 것 같다고 생각하셨는지 며느리가 교회를 다닐 수 있도록 기도 제목을 바꾸셨다고 말씀하셨다. 15년 전부터 어머니의 기도 제목은 며느리가 하느님을 믿도록 바뀌어 있었다. 어머니의 기도 덕분이었는지 나는 성당을 다니게 되었다.

그동안 내가 베푼 것에 비해 나는 주위 사람들로부터 손해를 보면서 살았다고 생각했다. 나는 거래를 하고 있었던 것이다. '내가 준 것에 비해 상대방은 최소한의 것이라도 나에게 되돌려 주어야 하는 것은 아닌가?' 하는 생각으로 최소한의 것도 나에게 베풀지 않는다고 생각되면 사람들에게서 배신감을 느끼며 상처를 받았다. 그러한 상황이 반복되었던 것 같다.

그러나 성당에 다니며 다른 사람을 위해 기도하면서 그동안 얼마나 많은 사람으로부터 사랑을 받았는지를 알게 되었다. 나를 아는 사람, 나를 모르는 사람도 나를 위해서 기도를 해 주셨다는 것을 알았다. 내가 베풀고 살았다는 오만한 생각 속에서 나는 행하는 것으로 만족하는 삶을 배우고 있다.

한때 청와대 청원을 한 후에 지인이 전해주는 "직원들이 너가 무섭다고 하는 사람도 있어야"란 말로 상처를 받았는데, 불의한 것을 묵인하고 가는 그들이 나는 무서웠는데 그들은 내가 무섭다고 하였다. 편한 길을 놔두고 가시밭길을 가고 있는 것은 내가 세상을 사랑하는 방법이라는 것을 이제는 알게되었다.

아무것도 알지 못하던 때에 기치료 선생님과 동행하여, 세월호 인양 후에 목포에서 천주교 광주대교구의 추모 미사를 드리게 되었다. 당시 나는 성당에 대한 사전 지식이 전혀 없었다. 그저 텔레비전을 통해서 본 성당에서 미사포를 쓰고 기도하는 여자의 모습, 사제복을 입은 신부님의 모습 정도가 내가 알고 있는 성당의 전부였다. 아무것도 알지 못하던 나의 첫 미사가 신기하게도 세월호 추모 미사였다. 성당에 다니려고 그 미사에 참석했던 것은 아니었다. 나는 기치료 선생님께 너무나 많은 은혜를 받았는데, 그분께 뭐라도 해드리고 싶었지만 드릴 것이 없었다.

그러다 우연히 목포에 가야 하는데 갈 사람이 없다고 혼잣말을 듣게 되었고, 뭐라도 도움이 되었으면 하는 생각에 옆에 앉아서 가기만 해도 되는 것이라면 내가 따라 가겠노라고 하여, 기치료 선생님과 세월호 추모 미사에 동행하게 되었다. 세월호 미사를 다녀온 후, 기치료 선생님의 인도에 따라 성당에 자연스럽게 입교하게 되었다.

성당에 다니면서 나는 하느님의 은총을 많이 받았다. 나를 그렇게 괴롭히던 분노의 감정이 한번 쏙 빠져나갔다. 분노의 감정이 한 꺼풀 빠지자 숨을 쉴 수 있을 것 같았다. 그동안 내가 아프기 시작하면서 가정이 해체 위기까지 갔지만, 성당에 다니면서 가족들이 화목해지기 시작했다. 주변을 바라보는 나의 시선이 하느님의 뜻에 맞추려고 하면서 내 삶은 조금씩 편안해지고 있었다.

세월호 아이들을 생각하며 소명의식으로 추진했던 나의 일이, 성당을 다니면서 나의 소명이 끝이 났음을 알았다. 나의 역할은 이것으로 끝나고, 세월호 아이들은 나를 하느님 안에서 거하게 인도해 주었다.

청와대 국민청원

당시 순천시 인사는 논란이 있었고 순천시에서는 언론에 '일선에서 고생하는 직원이 승진해야 하고, 경력이 많더라도 일을 하지 않는 직원들은 인사에서 배제되는 것이 마땅하며 일하는 공직 분위기 조성을 위한 인사를 한다.' 라고 하였다. 순천시는 열심히 일하고도 승진하지 못하는 직원들을 경력만 많고 일을 하지 않는 무능한 직원들이라고 낙인찍어 대내외로 알려 그들을 억울하게 만들었다.

어느 해 3월 청와대에 국민청원을 올렸다. 당시의 힘없는 내가 할 수 있는 일은 그 일밖에는 없다고 생각했으며 많은 시간을 고민하였다. '내가 청원을 올리는 일이 사적인 일인가? 공적인 일인가?'를 판단해야 했다. 그동안 행했던 일들이 이번에 사적인 감정이라면 내가 그동안 공적으로 추진했던 일들이 허물어질 수 있었으므로 '나는 공적인 일을 하려고 하는가?'를 심사숙고해야 했다. 청와대에 청원 글을 직원들은 선거를 앞두고 정치적인 목적을 가지고 청원 글을 올렸다고도 하였다.

나는 청원을 하고 난 후의 파장을 생각하면 청원 글을 쓰고 싶지 않았다. 순천시를 떠들썩하게 만들어 논란의 중심에 서는 것도 싫고 두려웠다. 건강이 조금이나마 회복되고 있었는데 건강이 더 악화될 것 같아 피하고 싶었다. 이제는 나도 좀 편하게 살고 싶었고 더 이상 고통의 터널에서 헤매고 싶지 않았다. 이번에 무너지면 다시는 일어설 수 없을 것 같은 공포로 고민하고 또 고민해보았다. '나는 사적 감정을 갖고 있는가? 공적 감정을 갖고 있는가?' 고민 끝에 얻은 결론은 거기까지가 나의 소명이라고 생각했다.

다시는 죽을 것 같은 나의 고통을 다른 누군가가 겪게 하고 싶지 않아서 청와대 국민청원을 올렸다. 청원의 글을 올리면서 내 안의 분노가 또 한 번 빠져나가는 것을 느꼈다.

사촌 언니는 전화해서 밖에도 나가지 말라고 하면서 혹

시라도 해코지를 당할 수 있으니 가족들까지도 조심하라고 했다. 그러나 나는 청원 후에 맘이 좀 편해졌고, 대학원을 다니면서 한 번 더 편안해짐을 느낄 수 있었다.

청와대 국민청원은 3천여 명 동의를 얻고 끝났으나 많은 사람의 진심 어린 응원과 염려에 힘을 얻을 수 있었다.

지금도 청와대 청원을 올린 것은 그때의 나로서는 최선의 선택이었다고 생각한다. 그것이 내가 지금껏 행해오던 공무원의 길이었다. 다행히 남편과 언니가 본인들의 불이익과 불편함을 감수하고 청와대 청원을 승낙해 준 것에 대해 감사하게 생각한다.

청원 후 나는 MBC 라디오 전망대와 두 번의 인터뷰를 하였고 총무과 인사팀장은 한 번의 인터뷰를 하였다. 내가 먼저 인터뷰를 하였고 반론을 인사팀장이 한 후 다시 반론을 내가 인터뷰하였으나 이후 순천시는 반론에 대한 인터뷰에 응하지는 않았다.

내가 올린 청와대 청원 글과 첫 인터뷰를 첨부하였다. 그러나 순천시 인터뷰에 대한 내가 반론을 한 인터뷰 글은 아쉽게도 현재 남아 있지 않다.

반론의 내용은 대략 이런 내용이었던 것 같다.

인사팀장님은 나를 동료직원으로 잘 알고 있고, 고향 후배라고 하였지만 같은 고향인 건 맞아도, 그분을 개인적으로 오가며 만나면 묵례하는 정도이지 잘 알지는 못하는 사이다. 그리고 인사 고충이 있으면 조직 내부에서 해결했으면 좋았을 텐데 인사시스템을 무시하고 외부에 호소하였다는 지적에 대해서는, 오랜 공직 경험으로 내가 조직 내에서 인사 고충에 대한 절차를 밟지 않을 경우, 나를 공격할 거란 걸 알고 있었다.

그래서 총무과장님, 전 비서실장님, 전 총무과장님, 시장님을 만나 뵙고 인사 고충에 대해서 말씀을 드렸어도, 마치 내가 조직 내부에서 아무 행동도 하지 않고 외부에만 알린 것처럼 하였으나 그분들을 직접 만났기 때문에 누구보다 더 잘 알고 계신 분들이었다.

징계를 받아도, 일을 열심히 하지 않아도 초고속 승진이 된다는 나의 주장이 거짓이라고 하였지만, 그 승진대상자를 직원들도 알고 있는 사실이었다.

청와대 청원 글로 인해 당시 학교급식 담당 부서는 논란이 되어 자료 제출을 하느라 무척이나 힘이 들었을 것이다. 본의 아니게 고생하신 그분들께 미안하고 감사할 뿐이다. 나와 함께 근무하시던 농업정책과 팀장님께서는 조직에 몸담고 있어 본인의 뜻과 달리 방송에 내 입장에서는 불리한 인터뷰를 하였으나 전화를 하셔서 나에게 이익이 된다면 어떠한 일도 해도 된다고 하시면서 응원해 주셨고 그 후로도 너무 미안해하셨다.

청와대 국민청원 글

26년 차 7급 공무원 저는 혁신공무원입니까? 혁신대상 공무원입니까?

저는 전라남도 순천시청에서 근무하고 있는 7급 공무원 박경화입니다.

저는 1992년 9급 공채로 공무원에 임용되어 26년 차 7급 공무원으로 근무하고 있습니다. 12년 차 공무원도 6급이 되어 있고, 저와 비슷한 시기의 같은 직급으로 임용된 동료는 오래전에 5급 공무원으로 승진이 되었습니다. 징계를 받아도 승진이 잘되고, 일을 열심히 하지 않아도 초고속 승진을 하는 현실입니다.

대통령님!
저는 공무원을 천직이라 믿고 적법한 절차에 따라 공무를 수행하고자 하였으며, 부당한 지시는 거부하며, 불법적인 것은 올바르게 만들기 위해 열심히 일했습니다.
법과 원칙에 따라 열심히 일한 결과 저는 적응장애, 임소공포증, 턱관절 내장증 등의 상병이 발병하여 952일 공무상 요양 승인을 받게 되었습니다.
이렇게 공무원으로서 소명을 다한 26년 차 7급 공무원인 제가 혁신공무원입니까? 혁신대상 공무원입니까? 이와 같은 현실이 너무나 억울하고 답답하여 호소를 드리오니 답변을 부탁드립니다.

저는 0000년 농업정책과에 발령을 받아 학교급식 친환경 식재료를 보조금으로 지원하는 업무를 맡게 되었습니다. 76억 원의 예산이 소요되는 사업으로, 학교급식에 친환경 식재료를 지원하는 사업이었지만 진행되고 있는 사업이 사업목적에 맞지 않는 부분이 있다고 판단되어 저는 농민, 어린이집, 유치원, 초·중·고등학교, 농·축협 등 각 연관되어 있는 시설 및 기관들이 각자의 역할에 충실할 수 있도록 사업 취지와 목적을 설득하고 이해시키며 시스템의 간소화를 통하여 업무를 개선해 나갔습니다. 업무를 수행하면서 많은 어려움이 있었지만, 공급처인 농민들과 수요처인 어린이집, 유치원, 각급 학교, 농·축협의 격려와 지지를 받으며 사업의 목적을 달성할 수 있었으며, 행정 업무 또한 1/2을 절감할 수 있었습니다.

그런데 제가 업무를 수행하는 과정에 정작 어려운 일은 시장님의 가족이 운영하는 학교가 이 사업의 목적을 따르지 않는 것이었습니다. 몇 번의 전화통화에도 비협조적이어서 직접 학교 관계자와 영양사 선생님께 사업목적에 따라 줄 것을 부탁하였지만 거절을 하였습니다. 그래서 부득이 사업비의 일부 지원하지 않았습니다. 제가 사업비를 지원하지 않자, 상사에게 청탁이 왔으며 상사는 시장님 가족 학교에 사업비를 지원해 주라고 요구를 하였지만 저는 끝내 지원하지 않았습니다.

이 일을 계기로 저는 0000년도에 감사과에 발령이 났습니다.
감사과에서 저의 공직생활은 순탄치 않았습니다. 법과

원칙대로 업무를 수행하던 저에게 상사는 “경화가 하면 피도 눈물도 없이 잘할 것이다”란 인격 모독 말씀을 자주 하셨으며, 심지어는 공식회의 때조차도 거론할 정도였습니다. 타 과에서조차 있어서는 안 되는 일이 감사과에서 일어난 것에 대해 저는 감사과의 직원으로 이것은 아니라는 생각에 시장님께 메일로 이 사실을 알렸지만, 이에 대한 답변은 받을 수 없었으며, 그 이후 저의 상사는 타과로 발령이 났습니다.

저 또한, 총무과장님께서 불렀습니다. “0000 부서에 가서 일을 해주었으면 좋겠다. 가보면 할 일이 있다. 나를 믿고 가 봐라. 순천시청 7급 공무원 중 이일을 해결할 사람은 너밖에 없다”라고 했습니다. 사무실로 돌아오니 시장 비서실에서 전화가 왔습니다. “박 주사님 가보면 할 일이 있을 겁니다.” 그리고 5분 후 인사발령이 있었습니다.

저에게 무슨 선택이 있었겠습니까?
제가 발령받아간 부서는 당시 전임자가 업무 관련자들과 심각한 트러블을 일으켰으며, 이로 인해 시장님의 심기를 불편하게 한 사람(불성실 근무자)도 있었습니다. 발령받은 부서는 정말 아수라장이었습니다. 행정지도를 수없이 하였으나 소속 직원들은 아예 무시를 하는 등 안하무인이었으며, 어디서부터 어떻게 하여야 하는 것인지 한 달이 지나니 포기하고 싶은 생각이 들 정도였습니다. 소속 직원들은 아무리 설득하고 행정 지도해도 소용이 없었습니다. 기본 근무시간조차 지키지 않아도 당당하였으며, 도저히 어떻게 해볼 도리가 없었습니다. 전쟁터에 나가는 마음으로, 하루하루를 바위에 계란을 던져보는 심정으로 아침 출근해서 밤늦게까지 토, 일 주말에도 매달릴 수밖에 없었습니다. 일을 하면서 너무나 서러워서 수없이 통곡하기도 하였습니다. 저의 상사들은 '좋은 것이 좋은 것이다'라고 합니다. 상사들은 이런 저를 외면하였으며, 너무 많은 불법 부당한 일이 이루어지고 있어도 모른 척하였습니다. 저는 소신에 따라 상사의 부당한 지시를 거부하고, 소속 직원들이 원칙에 맞게 근무할 수 있도록 수 없이 부딪치기도 하고, 협박을 받아가며 최선을 다하였습니다.

이와 같은 상황에 직면하게 되어 저는 아이들의 엄마

로서 아이들이 엄마를 원할 때도 돌보지 못했으며, 허리 통증으로 인하여 아파서 걷지도 못하는 상황이 되어도 병원도 가보지 못하고 매달려 일할 수밖에 없었습니다. 그 결과 제가 하고자 하는 일은 끝까지 해낼 수 있었으며, 조직의 효율적 운영을 위한 노력으로 향후 50억 이상의 예산을 절감할 수 있었습니다.
그러나 저의 상사는 저의 근무성적을 소속된 국에서 꼴지 점수를 주었으며, 저는 조직 내에서는 상사의 지시에 반항하는 사람으로 낙인이 되어 있었습니다. 이는 상사들의 부당한 지시에 따르지 않은 대가였습니다.

시장님의 "파출소(전임자)가 가니, 경찰서(저)가 왔다", "경화는 진정성 있는 공무원"이라는 등의 말을 저는 액면 그대로 받아들였습니다. 나중에는 이렇게까지 이야기하였습니다. "네가 진정성 있게 열심히 일하는 거 잘 안다. 너는 누가 청탁해도 들어주지 않잖아. 그러니까 내가 시장으로 있을 때 열심히 해라" 아무리 시장으로서 인사권을 가지고 있다지만 이렇게까지 할 수 있습니까?
이 모든 험난한 과정을 저는 오로지 "공무원이라는 사

명감"으로 버텨왔지만, 저의 사명감이 유린당했다고 생각하니 그 모멸감을 정말 참을 수가 없었습니다.

일로 인한 스트레스가 쌓였지만, 그보다 더욱 우리 조직 내부에서 보인 상사들의 태도는 저를 깊은 수렁에 빠져들게 했으며, 죽음의 문턱까지도 가게 하였습니다. 이로 인하여 저는 정신과 치료와 허리디스크 등 머리부터 발끝까지 통증과 함께하는 고통 속에서 살아야 했습니다. 잘하던 운전을 하지 못하게 되고, 어지러워 쓰러져 버리는 일이 발생하고, 얼굴과 머리 한쪽이 마비되고 허리가 아파 잘 걷지도 못하는 생활을 살아야 했습니다.

저는 소명을 지키고자 일했던 대가로 희생을 한다지만, 제 아이들과 가족이 무슨 잘못이 있어 이런 일을 당해야 합니까? 저로 인하여 가정이 엉망이 되어야 합니까?

이것이 말단 공무원이 소명을 지키며 살고자 한 결과입니까?

그러나 저는 여기서 쓰러지지 않기 위해 죽을힘을 다해 버텼습니다. 동료직원들 및 후배들이 저를 보면서 혹시나 용기를 잃어버릴까 봐 두려웠습니다. 저의 아이가 저를 보면서 불의를 외면해 버릴까 두려웠습니다. 저는 희망의 아이콘이 되고자 한 발짝 더 용기를 내봅니다. 힘없는 저도 공정한 사회를 만들기 위해 제가 있는 자리에서 최선을 다하면 정의로운 사회는 우리 가까이에 다가올 것이라는 희망을 가져봅니다. 감사합니다.

여수 mbc 라디오 전망대 나의 인터뷰

아나운서 : 청와대 국민청원 게시판에 글 올리신 걸 보니까 건강상 문제가 많다고요. 지금 건강상태는 어떻습니까?
나 : 현재도 머리부터 발끝까지 통증이 있고요. 특히 힘이 들거나 스트레스를 받으면 얼굴과 머리 쪽에 편마비 증상이 심해져 정상적인 생활을 다 소화할 수 없는 상태입니다.

아나운서 : 청와대 국민청원 게시판까지 글을 올리실 정도면 상황이 그만큼 절박하단 뜻인데…… 어떤 마음으로 올리신 겁니까?

나 : 우리 사회에서 일고 있는 미투 운동을 보면서 많은 생각을 했습니다. 최일선에서 근무하는 공직 사회에서부터 미투 운동을 시작하고 싶었습니다. 공직자로서 당연히 하여야 할 일을 하는 것이 이토록 고통스럽고 부당한 대우를 받는 것에 대해 후배들에게는 이러한 고통을 물려주고 싶지 않았습니다. 해가 갈수록 심해지고 있는 공직 사회의 인사문제 이로 인해 발생되는 공직자들의 도덕적 해이 일선에서 열심히 일하는 공직자들을 좌절시키는 현실을 저의 이야기를 통해서 공직 사회가 변화하는 계기가 되었으면 하는 간절한 소망으로 이 청원을 올렸습니다. 제가 이번에 쓰러지면 다시 일어나지 못할 수도 있다는 두려움이 있었지만 제가 아니면 아무도 할 수 없겠다는 생각을 했습니다. 그 이유는 2가지인데요. 하나는 시장님과 직접 관련된 곳에서 부당한 일이 있었고 두 번째는 직장인들 같으면 산재에 해당하는 공무원연금관리공단으로부터 스트레스가 심해 병이 생겼다는 공무상 요양 승인을 인정받은 것입니다. 이미 제가 여러 번 쓰러져 버리는 일이 있었기 때문에 이번에 쓰러지면 정말로 일어나지 못할 수도 있겠구나 하는 두려움에 수많은 시간을 고민과 고

민을 거듭하였지만, 공직자로서의 소명이라는 생각으로 용기를 내게 되었습니다.

아나운서 : 지금 청원에 동의하신 분은 얼마나 됩니까?
나 : 현재 2,480명이 동의 해주셨습니다. 공감하시는 분은 많이 있으신 것 같은데요. 댓글을 못 다시더라고요. 그래서 많이 아쉽습니다. 격려 전화, sns 응원은 많이 보내주고 계십니다.

아나운서 : 본격적으로 게시판에 올리신 내용에 대한 얘기를 나눠보죠. 그러니까 언제 어떤 일이 있었던 건가요?
나 : 순천시에서는 학생들의 급식에 친환경 식재료를 지원하는 사업이 있는데요. 0000년도에 시장님의 가족이 운영하는 학교가 이 사업의 목적에 따르지 않는 것이었습니다. 몇 번의 전화통화를 해도 비협조적이어서 직접 학교로 찾아갔습니다. 행정실장님과 영양사 선생님을 만나 사업 취지에 따라 줄 것을 부탁드렸지만 거절당했습니다. 제가 사업비를 지원하지 않자 저의 상사에게 비서실에서 청탁이 왔고요. 저의 상사는 시장님

가족 학교에 사업비를 지원해 주라고 했지만 저는 사업비를 지원하지 않았습니다.

아나운서 : 게시판을 보니까 사업목적에 맞지 않는 부분이 있었다고 했는데 구체적으로 어떤 내용인지 알 수 있습니까?
나 : 순천시에서 보조금을 지원하면 학교에서도 학교 예산을 부담하여 학생들의 급식에 친환경 식재료를 지원하는 사업입니다. 학생들에게 지역 농민들이 직접 생산한 친환경 식재료를 급식 재료로 제공하여 건강한 식사를 할 수 있도록 하는 사업입니다. 그러나 시장님 가족 학교에서는 학교에서 부담하여야 할 사업비 일부를 맞추지 못하였습니다. 그래서 저는 약 1,300만 원의 사업비를 지원하지 않았습니다.

아나운서 : 그게 지금의 순천시장 가족이 운영하는 학교와 연관이 있는거군요?
나 : 네. 그렇습니다.

아나운서 : 규정상 친환경 급식비 지원은 어떻게 하게

되어 있습니까?
나 : 순천시에서 보조금으로 70% 지원하면 학교에서 30%를 부담하여 학생들에게 친환경 식재료비를 지원하는 사업입니다. 예를 들면 시에서 700만 원을 지원하면 학교에서는 300만 원을 부담해서 1,000원어치의 친환경 식재료를 학생들에게 제공하는 사업입니다.

아나운서 : 그런데 상사에게 곧바로 지원하라는 지시가 내려진 겁니까?
나 : 제가 학교에 직접 가서 시장님 학교니까 더 잘해야 되지 않겠냐고 했더니 영양사 선생님께서 자기 학교는 필요 없다고 하시더라고요. 그래서 제가 사업비를 지원하지 않자. 비서실에서 사업비를 지원해 달라고 저의 상사에게 청탁이 왔고 상사는 저에게 사업비 지급을 요구했지만 저는 지급하지 않았습니다.

아나운서 : 그 후로 인사상 불이익을 받았다고 주장하시는 근거는 어디에 있습니까?
나 : 제가 공무상 요양 승인을 받은 부서로 발령내면서 총무과장님은 순천시청 7급 공무원 중에 이일을 해

결할 사람은 너밖에 없다고 하셨습니다. 일이 끝난 후에는 잘했다고 고생했다고 너 아니면 아무도 할 수 없는 일이라고 하셨습니다. 시장님 또한 저에게 '진정성 있게 열심히 일한다. 파출소가 가니 경찰서가 왔다. 너는 누가 청탁해도 들어 주지 않는 것 안다.' 하신 이 말씀을 저는 액면 그대로 믿었습니다. 그러나 시간이 지나고 보니 그 말씀이 너는 일이나 열심히 해라, 이런 뜻이었던 거죠. 제가 진정성 있게 열심히 일하는 것, 성과를 낸 것도 다들 알고 계셨지만, 보상은커녕 타부서 발령이라는 징계성 인사를 하였습니다. 너의 모든 공적을 인정하나 감히 나에게 대적하였으니 용서할 수 없다는 생각이신 거죠. 저의 공무원으로서의 소명감을 유린당했다고 생각하니 정말 고통스러웠습니다.

아나운서 : 일부에서는 승진을 위해서 가고 싶어 하는 부서, 이른바 꽃보직이 감사과다. 그렇게 발령이 났는데 인사상 불이익은 말이 안 된다고 하는 목소리도 있더라고요?

나 : 농업정책과에서 있었던 일을 알리지 않을까 염려가 돼서 일부러 감사과로 발령을 냈겠죠. 감사과는 직

원들이 선호하는 부서는 맞습니다. 저에게 인사상 불이익을 바로 줄 수 없으니 부서를 한번 돌린 후 인사상 불이익 조치를 하신 것으로 생각합니다.

아나운서 : 그리고 평소 업무를 기간제 직원에게 떠넘기고 직원 간 불통을 일삼았다는 비난의 목소리도 나오고 있던데 알고 계셨습니까?
나 : 저는 공무상 요양 승인을 받은 부서에서 극심한 스트레스와 한 달 평균 약 80시간의 초과근무를 하면서 열심히 일했습니다. 저의 아이들과 가족들을 희생시키면서까지 야근과 주말에도 일을 할 수밖에 없는 상황이었고, 아파도 병원에 갈 생각조차 못 할 정도로 일할 수밖에 없었습니다. 그러나 결국 극심한 스트레스와 허리디스크, 목디스크로 인하여 더 이상 근무를 할 수 없는 지경이 되었습니다. 그래서 1년간 아파서 휴직을 하고 0000년 5월에 복직 후에도 저는 머리부터 발끝까지 통증이 있는 상태로 일주일에 한 번씩 병가를 내야 했고, 그 외에도 치료를 일주일에 2일 이상은 받아야 하는 상황이었습니다. 하루 일과를 정상적으로 소화를 할 수 없는 상태였습니다. 그래서 총무과에서 제일

을 도와주도록 0000년 6월에 기간제 직원을 배정해주었습니다. 몸이 아파서 하루 일과를 소화할 수 없는 상태였기에 성실한 근무를 할 수는 없었으나 저희 과의 특수시책 업무는 제가 제안한 저의 업무가 선정되었습니다. 업무 실적으로 교육부 장관상도 받았습니다. 근무성적은 상위 평점을 받았습니다. 어느 조직이나 마찬가지이겠지만 윗사람은 윗사람 편입니다. 아랫사람도 윗사람 편입니다. 남들이 "예"라고 말할 때 "아니요"라고 말하기가 그래서 힘든 겁니다. 저는 몸이 아픈 상황에서도 부당한 지시나 저의 업무에 대한 부분은 당당히 이야기하였습니다. 제가 스트레스를 받으면 몸이 반응하여 더 심한 통증이 생깁니다. 그래서 건강을 회복하기 위해서 다시 휴직하게 되었습니다.

아나운서 : 지금 동료들이나 지인들은 뭐라고 하십니까?
나 : 일부는 조직의 치부를 드러내는 내부고발자로 낙인을 찍고 그들의 불편한 진실이 드러날까 봐 인신공격까지 일삼고 있습니다. 청원을 말리지 않았다고 남편과 언니까지도 비난한다고 합니다. 그러나 일부에서는

고생했다고 하시고, 부끄럽다고도 하시고, 용기가 대단하다고 하시고, 힘내라 응원하고 있는 사람들이 많다. 순천시청의 희망이라고 응원하십니다. 또한, 저의 신변의 안전과 앞으로의 저와 남편과 언니의 공직생활을 많이 걱정해 주시고 계십니다.

아나운서 : 마지막으로 하고 싶은 말씀이 있다면요?
나 : 저의 청원을 왜 하필 이 시기에 해야 했느냐 저의 진정성을 의심하시는 분들이 있으십니다. 청원한 지 10여 일이 지나도 지상파 언론에서는 청원 사실조차도 시민들께 보도하지 않는 방송사도 있습니다. 순천시에서는 저도 정확히 기억하지 못하는 저의 개인정보와 남편, 언니의 개인정보까지도 기자에게 제공하고 있습니다. 저를 향해 악의적인 답변을 합니다. 제가 남입니까? 여러분의 동료 아닙니까? 저의 주장이 사실과 다르다고 합니다. 사실이 아니라면 감히 제가 실명으로 청와대에 청원의 글을 올릴 수 있었겠습니까? 공무원노조에서는 부시장 면담과 성명서만 발표했습니다. 이것이 시민들께는 부끄럽지만, 순천시청의 민낯입니다. 시민을 바라보면서 펼쳐야 할 행정이 시장님만을 해바라

기 하는 행정을 하고 있습니다. 저는 순천시청에 인질이 2명 있습니다. 남편과 언니입니다, 그럼에도 불구하고 제가 나설 수밖에 없는 이유는 그만큼 고통스러운 시간을 누군가 다시 되풀이하게 하고 싶지 않다는 겁니다. 행정이 미치는 영향력은 대단합니다. 행정이 잘못하고 있으면 이런 불필요한 일들이 발생하는 것입니다. 저는 비단 몇 사람의 잘못을 말하고자 청원을 한 것이 아닙니다. 잘못한 사람이 있으면 그것을 지키려는 사람도 있어야 하지만 우리는 불편한 관계가 싫다는 이유로 불법, 부당함을 외면하고 참아버립니다. 잘못된 것을 지키지 못한 우리 공무원들의 잘못이 더욱 크다고 생각합니다. 저는 현재의 제 모습을 보면서 후배들이, 동료들이 혹시나 용기를 잃어버릴까 봐 두려웠습니다. 제 아이가 불의를 외면해 버릴까 봐 두려웠습니다. 힘없는 저의 용기가 공정한 공직 사회를 만들 수 있기를, 정의로운 사회를 만들 수 있기를 희망합니다. 청취자 여러분 저의 희망이 이루어질 수 있도록 청와대 국민청원 글에 동의 댓글을 간곡히 부탁드립니다. 20만 명의 청원을 받아 제가 혁신공무원인지, 혁신대상 공무원인지 대통령님의 답변을 꼭 듣고 싶습니다. 감사합니다.

장기교육

0000년 아무것도 할 수 없는 백치의 상태로 ○○동행정복지센터 총무팀장으로 발령을 받았다. 지속되는 맹한 모습으로 발령받은 곳에서 근무할 수 있을 것인지 두려웠다. 어쩌면 다시 휴직하여야 하는 것은 아닌지 내심 걱정이 되었다. 순천시에서 가장 작고 행정 하기 편한 곳에 발령받았지만, 그것조차도 수행할 힘이 남아 있지 않은 것 같았다. 그러나 별다른 일없이 하루하루가 정신없이 바쁘게 지나갔다. 무엇보다도 함께 일하는 직원들이 너무 좋은 분들이었다. 나의 힘든 상황을 직원들에게 이야기하고 혹여 부족하더라도 이해해 달라고 했다. 직원들 덕분으로 그곳에서 업무를 수행할 수 있었고 직원들을 보면서 그들에게 배워야 하는 부분들도 많았다. 발령을 받고 몸이 아팠다 좀 더 나아졌다 반복하면서 몸이 조금씩 회복이 되어가고 있었다.

힘이 없을 때는 주어진 일의 최소한만을 했는데 몸이 조금 나아지니 나의 습성은 다시 새록새록 나오기 시작했다. 신경을 쓰면 다시 몸이 아프고 신경을 안 쓰자니 그것도 힘들고 예전처럼 일할 수도 없는 상태였다. 이래저래 고민 속에서 갈등하고, 한편으로는 계속 나아지고 있는 건강상태가 다시 나빠져 고통의 수렁 속으로는 다시는 빠지고 싶지 않았다. 이래저래 고민하다가 직장을 그만두어야겠다는 생각을 했다. 주변에서 이러한 생각에 대해 반대의견을 주었고 딱히 해야 할 일이 있어서 그만두는 것이 아니라, 나의 역량 부족과 건강을 생각해서 그만두려고 하니 약간은 우울하기도 했다. 그나마 내가 가장 잘하는 일이 공무원인 것 같은데 후회하면 어쩌나 싶기도 했다. 이래저래 생각하다가 휴직을 해보고 그 기간 '내가 공무원을 그만두고도 생활을 잘할 수 있을지, 공무원이 더 하고 싶을지,'를 생각할 수 있는 기간을 갖기로 했다.

그런데 다행히도 나는 휴직 대신 6개월 장기교육을 받을 수 있게 되었다. 교육원은 강진 다산초당이 있는 지역이었다. 교육 기간 2달은 매일 새벽과 저녁을 다산초당에서 백련사까지를 걸었다. 매일 가는 다산초당에서는 다산 선생님께서 나를 반겨주시고 위로해 주시는 것 같아 마음이 위안이 되었다. 교육 기간 마음의 평화를 얻으며 건강이 조금 더 회복되고 있었다. 교육은 하느님께서 나를 위해 마련하신 것처럼 그곳에서 하느님께서 주시는 사랑을 체험하였다.

그동안 직장에서 받았던 스트레스는 일상생활에서 벗어나 지역이 다른 곳에서 교육을 받고, 새로운 사람들을 만나고 생활하면서 스트레스가 없는 상태로 살 수 있었다. 항상 어지러웠는데 어느 사이 어지럼증이 나아지고 있었다. 교육받는 동안 몸이 점점 더 치유되고 있다.

이 글을 마치며

나의 40대 초반은 혼신을 다하여 일하였고 지난 8년여 기간은 내내 병든 삶으로 살았다. 2023년 초쯤 되었을 때 내 정신으로 눈앞의 사물이 보이기 시작했다. 8월경에는 어지럼증이 점점 나아지면서 하느님께 감사한 마음이 들었다. 그러면서도 한편으로는 다른 사람들은 건강한 모습으로 사는구나 싶었다. 50이 된 지금 건강이 호전되니 새로운 세상을 만난 것처럼 좋은데, 지난 40대 젊은 시절을 병들어 살았던 내가 한없이 가엽고 안쓰럽게 생각되었다. 40대 얼마나 꽃다운 시절을 나는 병들어 있었던가?

2023년 여름 2달여를 아침, 저녁으로 강진 다산초당을 오르며 다산 선생님께서 나를 반겨주시고 안아주고 위로해 주시는 것을 느꼈다.

포르투갈 파티마대성당, 스페인 세비아대성당, 똘레도 대성당으로 나를 이끄시고 치유해 주시는 주님의 은총에 감사드린다. 죽을뻔했던 내게 고통의 시간이 지나 기적을 보여주신 하느님께 감사드리며, 이 책을 삶이 힘든 이들이 있다면 그들과 함께 나의 이야기를 나누며 조금이나마 위안을 주고 싶다.

현재 고통의 시간을 지나 삶의 풍요 속에서 살아가고 있다. '나를 사랑한 것처럼 이웃을 사랑하라.'라고 하신 하느님의 말씀처럼 나를 사랑하고, 이웃을 사랑하고, 하느님을 사랑하게 된다. 내 삶이 사랑으로 채워지고 있다.

지난 시간 돌아보니 '공무원으로서 삶은 내가 꽃으로 살 수 있었던 시간이었으며, 하느님의 부르심을 받을 수 있는 길이었다.'

공무원 내겐 천직이었다.